Su

La cuisine
TURQUE
de Fisun Ercan

Su

La cuisine TURQUE

de Fisun Ercan

60 RECETTES DE MEZE

TRÉCARRÉ

Une compagnie de Quebecor Media

Catalogage avant publication de Bibliothèque et Archives nationales du Québec et Bibliothèque et Archives Canada

Ercan, Fisun, 1969-
        Su : la cuisine turque de Fisun Ercan : 60 recettes de meze
        ISBN 978-2-89568-511-1
        1. Cuisine turque.   2. Meze.   I. Titre.
TX725.T8E72 2011   641.59561   C2011-941733-2

Édition : Nadine Lauzon
Direction artistique : Marike Paradis
Photographies : David Ospina
Photographies des pages 15 et 151 : Fisun Ercan, collection personnelle
Assistant photographe : Daniel Karolewicz
Stylisme culinaire : Anne Gagné
Accessoires : Sylvain Riel
Révision linguistique : Marie-Eve Gélinas
Correction d'épreuves : Carole Lambert
Couverture, grille graphique intérieure : Axel Pérez de León
Mise en pages : Axel Pérez de León, Clémence Beaudoin

Remerciements
Nous reconnaissons l'aide financière du gouvernement du Canada par l'entremise du Fonds du livre du Canada pour nos activités d'édition. Gouvernement du Québec – Programme de crédit d'impôt pour l'édition de livres – gestion SODEC.
Les Éditions du Trécarré désirent également remercier la boutique *3 femmes et 1 coussin*.

Les Éditions du Trécarré
Groupe Librex inc.
Une compagnie de Quebecor Media
La Tourelle
1055, boul. René-Lévesque Est
Bureau 800
Montréal (Québec) H2L 4S5
Tél. : 514 849-5259
Téléc. : 514 849-1388
www.edtrecarre.com

Dépôt légal – Bibliothèque et Archives nationales du Québec et Bibliothèque et Archives Canada, 2011
ISBN : 978-2-89568-511-1

Distribution au Canada
Messageries ADP
2315, rue de la Province
Longueuil (Québec) J4G 1G4
Tél. : 450 640-1234
Sans frais : 1 800 771-3022
www.messageries-adp.com

Diffusion hors Canada
Interforum
Immeuble Paryseine
3, allée de la Seine
F-94854 Ivry-sur-Seine Cedex
Tél. : 33 (0)1 49 59 10 10
www.interforum.fr

*À Su, ma fille, qui rend
ma vie plus savoureuse.*

Sommaire

Préface

L'alimentation exerce une profonde influence sur notre existence, autant par son rôle essentiel dans notre subsistance que par le plaisir incomparable qui y est associé. Nous mangeons pour vivre, bien sûr, mais nous vivons aussi pour manger ! Cette importance de l'alimentation est bien illustrée par les efforts considérables qui ont été consacrés tout au long de l'histoire de l'humanité à la découverte de nouveaux aliments et de façons de les apprêter pour qu'ils procurent plaisir et bien-être. Plus qu'une simple préoccupation visant à assurer la survie, ce sont les résultats de cette quête constante de nouvelles expériences, de nouveaux goûts et de nouvelles saveurs, patiemment transmis de génération en génération, qui ont permis la fondation des grandes traditions gastronomiques du monde. Il faut donc chérir et préserver ce trésor phénoménal de connaissances, non seulement pour le plaisir, mais aussi parce qu'il représente ce qui nous distingue comme humains : manger est un acte culturel, issu de la relation privilégiée qui existe entre l'homme et la nature.

La cuisine turque, admirablement présentée ici par Fisun Ercan, est une illustration remarquable d'une de ces grandes traditions.

Encore peu connue en Amérique, elle n'en demeure pas moins l'une des plus riches et des plus anciennes de la planète, l'héritage d'une civilisation qui a joué un rôle central dans l'histoire.

L'Empire ottoman fut, en effet, un des plus grands, son règne s'étalant sur une période de plus de six cents ans. Située à la rencontre de l'Orient et de l'Occident, la Turquie est depuis longtemps un point de fusion des cultures européenne, méditerranéenne et asiatique, et cette position stratégique a fortement influencé les traditions culinaires du pays.

Amalgame des cuisines des Balkans, du Moyen-Orient et de l'Asie centrale, la gastronomie turque se caractérise par sa très grande diversité et par son caractère omnivore : les végétaux, notamment l'aubergine, la grenade, le poivron et plusieurs légumineuses, y occupent une place importante, tout comme les viandes, de multiples poissons ainsi que d'innombrables desserts, tous aussi savoureux les uns que les autres. Les produits laitiers fermentés, dont le yogourt qui y a vu le jour, sont au cœur de la cuisine de la Turquie. L'huile d'olive y est aussi omniprésente. Il s'agit véritablement d'une cuisine exemplaire, extraordinairement santé, qui met l'accent sur la fraîcheur des ingrédients et sur la présence d'aromates délicats tels que la menthe ou le sumac pour donner une saveur fine aux différents plats.

Une bonne alimentation joue un rôle primordial dans la prévention des maladies chroniques qui dévastent nos sociétés modernes. Cette recherche de bénéfices pour la santé doit s'associer au plaisir gastronomique pour assurer le maintien à long terme de nos bonnes habitudes. La cuisine traditionnelle turque procure un réel plaisir tout en permettant de bien s'alimenter sur une base quotidienne.

En ce sens, ce livre magnifique nous rappelle à quel point nous avons aujourd'hui la chance de pouvoir profiter des cuisines provenant de différentes régions du monde, d'explorer de nouveaux horizons culinaires et de diversifier nos expériences gustatives. Manger n'est pas seulement une pratique plaisante et stimulante, c'est aussi un exercice d'ouverture sur le monde qui nous entoure.

La cuisine de Fisun Ercan est raffinée, délicate et savoureuse. Déguster les plats qu'elle nous propose, à son restaurant *Su*, c'est voyager dans le temps et l'espace et redécouvrir des recettes qui ont été peaufinées au fil des siècles par les cuisiniers des grands palais de l'Empire ottoman, puis par les chefs actuels qui nourrissent un grand peuple tous les jours, pour arriver à ce niveau de perfection que nous pouvons apprécier aujourd'hui. C'est une cuisine dont les racines sont profondes et familiales. Ses plats sont préparés non seulement par les grands chefs, mais aussi, traditionnellement, dans les familles. Les seuls noms font rêver : *dolma, doner, levrek, mücver, pilav, cacık, künefe...*

Bienvenue dans un univers de subtilité, enveloppé des parfums de l'histoire d'une terre qui a vu se développer les premières civilisations. Bienvenue dans l'univers de Fisun Ercan.

Richard Béliveau
DOCTEUR EN BIOCHIMIE
ET CHERCHEUR EN CANCÉROLOGIE

INTRODUCTION

Mes premiers souvenirs liés à la cuisine viennent d'un séjour chez ma grand-mère. J'avais trois ans et j'étais chez elle dans le village de Seferihisar, première ville nommée « Cittaslow » en Turquie. Cittaslow est un mouvement italien fondé en 1999 visant à soutenir les habitants qui souhaitent adopter un rythme de vie plus lent.

Par une très belle matinée du mois d'août, un parfum enivrant m'a réveillée. En suivant cette odeur attirante, je me suis retrouvée dans la cuisine où toutes les femmes – ma mère, ma grand-mère et ses voisines – préparaient la soupe traditionnelle pour l'hiver, la *tarhana*. Cette soupe, faite à partir d'une grande quantité d'oignons, de piments verts et rouges et des plus belles tomates de la saison, cuisait de deux à trois heures pour bien incorporer les saveurs, et elle embaumait l'air. Quand les légumes mijotés avaient refroidi, elles les mélangeaient à de la farine et à du yogourt préparé par ma grand-mère, pour en faire une pâte. Elles ajoutaient une bonne quantité de menthe fraîche, quelques bouquets d'aneth frais et du cumin fraîchement moulu. Ensuite, elles laissaient la pâte fermenter pendant vingt-quatre heures.

Puis, dans le jardin ensoleillé ou sur la grande terrasse du toit, elles étendaient d'immenses couvertures sur lesquelles elles étalaient de nombreuses cuillerées de pâte pour la faire sécher. Il fallait brasser et écraser les morceaux de pâte fréquemment pour obtenir une texture comme celle d'un couscous très fin. C'était un travail qui demandait beaucoup de main-d'œuvre, alors ma famille et les voisines se rassemblaient pour l'événement. Une fois la texture fine obtenue, elles mettaient ce mélange, devenu une base de soupe instantanée faite maison, dans des sacs en tissu qui seraient conservés dans la pièce la plus fraîche de la maison durant l'hiver. Au moment venu, nous n'avions qu'à verser une cuillerée de cette base de soupe avec une tasse d'eau par portion dans une casserole et à faire bouillir quelques minutes. Le goût était frais comme les odeurs de cette journée du mois d'août.

Quand je me rappelle ce moment, je réalise que c'est là qu'est né mon intérêt pour les odeurs et les goûts. Tous mes souvenirs sont directement ou indirectement liés à la cuisine.

D'ailleurs, j'ai appris beaucoup à propos des ingrédients et de leur cycle de vie en grandissant dans la cuisine de ma mère et de ma grand-mère. Les ingrédients m'ont appris plus que les recettes, car, selon ma grand-mère : « Si tu connais et apprécie les ingrédients, tu comprendras l'équilibre et, quand on connaît l'équilibre, on peut cuisiner naturellement. »

À dix-huit ans, j'ai déménagé en ville pour aller à l'université. Rapidement, je me suis

rendu compte que j'étais devenue la maman de tous mes amis qui, comme moi, vivaient loin de leurs parents, en les nourrissant dans ma cuisine. Tous ces repas partagés et cet apprentissage culinaire effectué durant mon enfance et mon adolescence m'ont donné une expérience de vie sans égale, qui m'a servie dans la poursuite de mon rêve lorsque j'ai choisi d'étudier la cuisine professionnelle au début de la trentaine.

Depuis mon enfance, j'ai acquis la capacité d'observer attentivement, de faire des sélections positives, d'aimer les défis, de gérer mon temps, de gérer mon stress, et même de m'occuper d'un feu ! Au fil des années, j'ai développé mes sens ; j'ai appris à mieux écouter, voir, entendre, toucher, goûter et sentir, autant en cuisine que dans la vie. J'ai expérimenté cette philosophie dans toutes les situations que j'ai trouvées sur mon chemin ; savoir écouter les gens, savoir s'écouter soi-même, visualiser les situations et réagir. En réalité, si on comprend bien nos problèmes et qu'on les accepte, on peut les résoudre facilement ; tout comme lorsqu'on connaît bien nos ingrédients, on peut les manipuler aisément. La patience et la persévérance apprises en cuisine sont, selon moi, une « recette miracle » pour avoir du succès dans la vie.

Les années ont passé et je comprends maintenant ce qu'est l'équilibre dont me parlait

ma grand-mère : il faut bien choisir et bien combiner les ingrédients, il faut absolument respecter leurs caractéristiques propres comme leur goût, leur durée de cuisson, leur texture, leur mariage avec d'autres ingrédients, et un des éléments les plus importants de l'équilibre est de savoir « gérer le feu ». Comme dans la vie, quoi !

•◉•

Dans notre monde moderne, la cuisine est souvent considérée comme un fardeau : se nourrir et bien nourrir sa famille est, pour certains, une obligation. Pour ma part, je pense le contraire. Premièrement, je suis une enthousiaste qui croit en la philosophie selon laquelle « nous sommes ce que nous mangeons ». Deuxièmement, je trouve que la cuisine est une école importante pour l'apprentissage et la compréhension de la vie.

Le corps humain est fait de muscles, de sang, de nerfs, et c'est une machine qui fonctionne impeccablement bien, même malgré nous. Aujourd'hui, n'importe quelle machine technologique doit être entretenue pour que sa durée de vie soit le plus longue possible, avec le moins de problèmes possibles. Alors qu'on dépense beaucoup d'argent et de temps pour acheter et entretenir nos objets, on ne pense pas nécessairement que ce qu'on mange a un effet direct sur le fonctionnement de notre propre corps. Selon moi, il n'y a rien de plus important que de trouver du temps pour vérifier et préparer ce que l'on met dans notre bouche et, encore plus important, dans la bouche de nos enfants. Étant mère, je ne peux pas imaginer qu'après avoir porté nos bébés pendant neuf mois, après avoir manqué de sommeil, après avoir dépensé une fortune en objets et en jouets de toutes sortes, on ne puisse trouver du temps pour lire les étiquettes des produits qu'on achète pour les nourrir ou s'assurer de leur fournir une alimentation équilibrée.

Certains disent manquer de temps. Pourtant, il n'est pas difficile de trouver du temps productif dans la cuisine avec toute la famille. On se nourrit certes, à la base, par obligation, pour obéir à la première loi de la nature humaine : survivre. Or, pour survivre, on se doit d'être en santé, de manger sainement pour se reproduire et garantir que les futures générations seront elles aussi en santé. Quand on passe du temps à faire la cuisine avec nos enfants, ce ne sont pas juste les heures passées ensemble qui importent ; on leur apprend également la vie par l'appréciation des ingrédients et de leurs effets bénéfiques sur notre santé, et on leur explique les éléments nécessaires pour bien s'alimenter. Et puisque ce temps passé en cuisine devient leur façon de vivre, ils pourront ensuite transmettre cet héritage à leurs enfants, poursuivant ainsi le cycle de la vie.

On fait beaucoup d'efforts pour sauver la nature, les océans et plusieurs espèces qui commencent à disparaître. Selon moi, l'espèce qui court le plus grand danger, c'est l'humain. Si, par la cuisine, on apprend le respect des ingrédients que la nature produit pour nous nourrir, les prochaines générations seront en meilleure santé et pourront, à leur tour, sauver la planète.

Manger local et selon la saison

Je crois que manger local et selon la saison est une habitude que l'on développe dès notre enfance. Cependant, il est toujours possible d'apprendre à s'adapter au cycle de la nature, qui dépend du climat où nous vivons, pour mieux s'alimenter.

Manger local et selon la saison est également un des plus importants pas vers le respect de soi, car se nourrir, c'est aussi respecter notre corps et nos besoins nutritionnels au fil des saisons. Je trouve toujours étonnant de voir du melon d'eau à l'épicerie pendant les mois les plus froids de l'hiver, puisque c'est un fruit qui ne pousse que l'été et qui est excellent pour nous hydrater et nous rafraîchir lors des chaudes journées estivales.

J'ai l'impression que, depuis que la technologie nous permet de jouer avec les gènes de nombreux produits alimentaires, notre ambition de vouloir régner sur la nature fait que l'on agit comme des enfants gâtés : on veut tout avoir à un moment bien précis et en plus grande quantité possible. Avec de tels agissements, on abuse tout simplement de la nature.

Dans nos vies de tous les jours, on parle de faire des changements, de sortir de notre routine. Selon moi, manger local et selon la saison diminue justement la sensation de vivre une routine. Retrouver un ingrédient que l'on aime après quelques mois d'absence est une joie ; c'est comme retrouver un ami. La sardine, par exemple, est un poisson d'été. Au début de sa saison, j'essaie rapidement d'en trouver dans les poissonneries. Quand je les aperçois, j'ai tout de suite un grand sourire et je suis contente comme une enfant ! Je les apporte dans ma cuisine et les nettoie délicatement ; je les aime, je les caresse et, parfois même, je les embrasse avec un enthousiasme semblable à celui des retrouvailles avec un vieil ami ! Je les cuisine avec amour et je partage cette joie avec mes clients au restaurant ou avec ma famille et mes amis à la maison.

Manger local et selon la saison nous permet aussi de goûter le meilleur des produits d'ici. Par exemple, je préfère attendre l'arrivée des bonnes fraises du Québec, car je ne peux pas avoir la même satisfaction avec des produits venant d'ailleurs. Même chose pour

la tomate. Nous sommes probablement tous d'accord pour affirmer que les tomates que l'on mange pendant l'hiver ne goûtent pas du tout comme les vraies tomates d'été, car même si elles viennent d'un pays chaud, elles sont cueillies avant leur maturation pour qu'elles puissent survivre au voyage, dont nous ignorons souvent toutes les étapes. Tout comme nous ne savons pas comment ces denrées ont été traitées.

Malheureusement, il est difficile de produire des aliments frais pendant l'hiver au Québec, mais grâce à la culture en serre, il est maintenant possible d'avoir des produits locaux durant la saison froide. Pour la viande, j'ai découvert également des fermes traditionnelles qui font mon bonheur. Je peux enfin savoir quelle est la provenance des ingrédients que je cuisine ; j'aime connaître l'agneau, la volaille ou le veau et savoir comment ils étaient nourris, s'ils ont vécu libres et heureux, comme au temps de l'agriculture ancienne.

Étant chef professionnelle, je touche tous les jours à beaucoup de produits alimentaires, et la différence entre les produits locaux mûris selon leur saison et les produits forcés d'atteindre la maturité plus rapidement et qui ont voyagé pendant des semaines est gigantesque. C'est pour cela que je cherche constamment des produits cueillis depuis pas plus que quelques jours et qui n'ont pas fait le tour de la terre avant d'arriver dans ma cuisine !

Je crois que manger des produits locaux, frais et sains est une chose à laquelle l'humain a droit pour mieux vivre. Le corps et la nature peuvent très bien s'harmoniser, il faut peut-être juste faire un petit effort pour choisir les bons ingrédients venant des bons endroits, au bon moment.

La porte est toujours ouverte

Parmi mes nombreux souvenirs d'enfance, il y a la joie avec laquelle nous recevions. Notre porte était toujours ouverte ; les voisines passaient voir ma mère, une à la fois, et parfois quelques-unes ensemble. Une voisine passait par notre jardin et appelait tout haut le prénom de ma mère : « Hatiicee ? » et ma mère lui répondait : « Entrez, entrez, la porte est ouverte ! » Pour moi, cette conversation signifiait le début des activités de la journée. Ma mère continuait de cuisiner ou de s'occuper à ses besognes tout en offrant du café ou du thé à son invitée. Si la table du petit-déjeuner ou du lunch était encore mise, elle lui offrait de manger avec elle. Si elle faisait un travail plus difficile, comme celui de rouler des feuilles de vigne ou de préparer des pâtes maison, la voisine lui donnait un coup de main et elles finissaient plus rapidement. Alors, elles partageaient leurs quotidiens respectifs, leurs problèmes ou leurs joies. Notre cuisine était comme un café qui recevait les femmes de notre petit quartier durant la journée et les membres

de notre grande famille, amis et proches pour le souper. Parfois je me demande si c'est la raison qui m'a poussée à choisir la restauration.

•◉•

Mon père est un épicurien. Il a longtemps possédé un supermarché. Les fermiers, les pêcheurs et les bouchers connaissaient bien l'enthousiasme de mon père pour la nourriture, donc ils ne lui offraient que leurs meilleurs produits : les fruits, les légumes, les viandes et les poissons frais chaque jour. Les œufs et le lait étaient toujours chauds en arrivant chez nous. Le poulet, s'il n'était pas égorgé par mon père ou par ma grand-mère dans notre jardin, était égorgé par le boucher juste avant qu'il nous le livre à la maison. Alors que j'étais très jeune, ma mère m'a montré comment plumer et ouvrir le ventre des poulets. Parfois, on y trouvait des œufs ; ma mère enlevait les organes, les nettoyait et les sautait à la poêle avec des œufs pour le lunch. Miam ! C'était bon ! La viande, celle d'agneau ou de chevreau, arrivait en grosses pièces directement de l'abattoir. Ma mère en faisait la boucherie ; elle en hachait une partie avec deux couteaux, la désossait ou la coupait selon les besoins des recettes. C'est là que j'ai appris une bonne partie de ce que je sais de la boucherie.

Mon père choisissait toujours le menu du jour et ramenait les ingrédients nécessaires à

Papa et moi, à l'âge de deux ans.

la maison. Il faisait un petit exposé à ma mère à propos de la recette qu'il voulait qu'elle fasse avec les ingrédients choisis, en se rappelant un repas que cuisinait sa grand-mère durant son enfance. Il lui parlait de la texture, du goût et de l'odeur du plat, puis repartait travailler après nous avoir mis l'eau à la bouche. Ma mère cuisinait avec un talent naturel dont elle a hérité de sa mère et de sa grand-mère. Pendant qu'elle cuisinait, elle me racontait plein d'histoires sur les repas, les ingrédients ou comment sa mère ou sa grand-mère faisait la cuisine, avec plein de petits détails très importants à ses yeux. Je crois que ce sont tous ces détails ordinaires qui font de sa cuisine une expérience extraordinaire, et ce, encore aujourd'hui !

•◉•

On avait toujours des invités ; si ce n'était pas pour le souper, c'était pour le thé et les pâtisseries traditionnelles. Encore aujourd'hui, ma mère n'est pas juste une bonne cuisinière, mais aussi une bonne pâtissière. Grâce à elle, j'ai appris très jeune à faire la pâtisserie. J'avais huit ans quand j'ai préparé mon premier petit gâteau ; une surprise pour ma mère. Elle me laissait même m'impliquer en favorisant toutes sortes d'activités culinaires selon mon âge. Quand j'étais très jeune (moins de six ans), ma mère me laissait moudre les épices dans

le mortier et me montrait comment il fallait le couvrir d'une main pendant qu'on tapait avec le pilon de l'autre pour ne pas que les grains sautent à l'extérieur du bol. Mais ma main était tellement petite que je n'arrivais pas à couvrir convenablement le mortier. Ça me fait sourire de me rappeler les efforts que je faisais pour bien suivre ses directives. Elle me laissait mélanger les soupes et enlever l'écume des bouillons tout en me dirigeant avec beaucoup d'attention. Et chaque fois, elle me mettait en garde contre les accidents qui pouvaient se produire dans une cuisine, par exemple les brûlures. Elle m'avertissait sans arrêt. Aujourd'hui, quand je pense aux nombreux conseils de ma mère, je réalise que ce n'était pas juste la cuisine que j'apprenais, mais que je développais également des réflexes afin d'être bien attentive aux dangers que la vie comporte. Plus tard, elle m'a laissée couper les légumes, m'occuper de la cuisson, rouler la pâte, farcir les feuilles de vigne et les légumes, pétrir le pain, faire le yogourt, et tout ce qui s'apprend en cuisine.

•◉•

Quand j'étais chez ma grand-mère, on sortait dans son jardin et elle me montrait comment choisir et cueillir les bons fruits et les bons légumes. Elle me racontait ses histoires d'enfance pendant les guerres, alors qu'il était

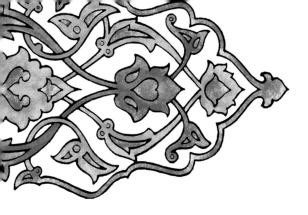

difficile de simplement trouver de la nourriture, me disant que maintenant, avec cette abondance, il fallait respecter davantage la nature pour bien en apprécier les produits. Ses talents de cuisinière et son goût des aliments lui permettaient d'apprêter des plats d'exception ; tout ce qu'elle cuisinait, même si elle le faisait de la même manière et avec les mêmes ingrédients que tout le monde, était toujours beaucoup plus raffiné et extraordinaire qu'ailleurs. Selon mes observations, quand elle manipulait ou touchait les ingrédients, elle les aimait, et cet amour se transmettait dans le goût de ses plats. Pour mon plus grand bonheur, j'ai ce même respect pour la nature et ses fruits, et je suis heureuse d'avoir hérité de ses talents culinaires.

Les années ont passé, notre petit quartier a vieilli et ses résidents aussi. Plusieurs de nos voisines qui entraient dans la cuisine de ma mère sont parties. Mes parents ont quitté leur maison et ont déménagé dans un condo, mais grâce à la cuisine de ma mère sa porte est toujours ouverte. Et maintenant, la porte de ma cuisine vous est ouverte...

Les essentiels de la cuisine turque

Les légumes

Aubergine (*patlıcan*)

L'aubergine est notre légume national. Dans la cuisine turque, il existe des centaines de recettes à base d'aubergine. On les catégorise selon leur cuisson : les plus minces et les plus longues pour être farcies, les plus épaisses à la chair plus ferme pour frire et celles dont la forme rappelle une ampoule pour griller.

Concombre (*salatalık*)

Le concombre est un accompagnement à tous les plats, même au petit-déjeuner. En Turquie, les concombres anglais n'existent pas, alors on en utilise de plus petits. Généralement, on les ajoute aux salades ou on les émince pour les mélanger au yogourt (voir recette p. 67).

Courgette (*kabak*) et fleur de courgette (*kabak cicegi*)

La courgette est un légume d'été polyvalent ; facile à cuisiner, elle se combine avec tout. On la farcit avec du riz, des fines herbes et/ou de la viande. On peut également la frire, en faire des beignets (voir recette p. 80), des *börek* ou des ragoûts. La fleur de courgette, quant à elle, est un bonus pour le cuisinier ; on peut la farcir, la paner et la poêler. Il faut en manger au moins une fois dans sa vie, mais après la première dégustation, il est difficile d'arrêter !

Épinard (*ıspanak*), chou (*lahana*) et betterave (*pancar*)

Les épinards, le chou et les betteraves sont des légumes hivernaux très appréciés en Turquie. Les racines et les tiges des épinards sont cuisinées avec de la viande, et ses feuilles sont sautées avec des œufs ou servent de farce pour les *börek*. Les feuilles de chou sont roulées avec du riz aromatisé et de la viande, comme des feuilles de vigne farcies, ou préparées en salade, blanchies avec de l'huile d'olive et du jus de citron. La betterave, pour sa part, est bouillie ou cuite au four ; elle est servie en salade, marinée au vinaigre ou au yogourt (voir recette p. 66).

Feuilles de vigne (*asma yaprağı*)

Les feuilles de vigne produites en Turquie sont presque exclusivement faites pour être roulées ou farcies. La façon la plus commune de les cuisiner est de les farcir avec du riz aromatisé, de la tomate ou des pignons et des raisins de Corinthe (voir recette p. 84). On enroule également les sardines ou le poulet dans des feuilles de vigne pour les faire griller. On peut aussi les servir avec une farce faite de légumineuses, selon la spécialité de la région. Elles sont très appréciées pendant l'été alors que les feuilles sont fraîches, et lorsque l'automne arrive, on en prépare dans la saumure afin de ne pas en manquer pendant les mois d'hiver.

Gourgane fraîche (*bakla*)
et artichaut (*enginar*)

En Turquie, les gourganes et les artichauts arrivent au printemps ; au Québec ils apparaissent un peu plus tard, mais ils se retrouvent en même temps sur les étalages des marchés, il arrive donc qu'on les cuisine ensemble. Les gourganes s'apprêtent sans viande. Les plus fraîches et les plus fines sont cuites entières ; des plus grosses, on n'utilise que les fèves. On fait également sécher les fèves pour en faire de la purée, de la soupe ou des farces.

On cuit les artichauts le plus frais possible, autrement les feuilles ne sont pas aussi savoureuses. Les petits artichauts sont choisis pour être cuits avec la viande ou pour être farcis. Les plus gros sont idéaux pour faire des fonds avec de la pomme de terre, des carottes, des pois verts ou des gourganes fraîches (voir recette p. 79).

Haricots verts plats (*taze fasülye*)

Selon moi, les haricots verts plats sont faits pour cuire lentement dans l'huile d'olive avec des tomates fraîches. Après l'aubergine, c'est le légume que l'on cuisine le plus fréquemment en Turquie (voir recette p. 70).

Chou kale (*kara lahana*), pissenlit (*radika*), bette à carde (*pazı*), minibrocoli (*ciba*)...

La liste des légumes feuillus est très longue en Turquie, surtout dans la région de la mer

Égée. Leurs goûts, leurs arômes et leurs textures sont bien distincts de ceux des autres légumes. La plupart du temps, ces légumes feuillus sont blanchis et préparés en salade avec beaucoup d'huile d'olive, de jus de citron ou de verjus (voir recette p. 37). On les cuit aussi avec des tomates et du riz. Ceux dont les feuilles sont plus larges sont roulés comme les feuilles de vigne ou, simplement, on en fait des *börek*.

Ocra (*bamya*)

Les ocras sont une joie de l'été ! En Turquie, on choisit idéalement les plus petits. On les cuisine avec l'agneau, le poulet ou sans viande, avec

beaucoup de tomates et de jus de citron. Ils sont petits, mais très savoureux. À la fin de l'été, on les fait sécher pour l'hiver. Pour les manger durant la saison froide, il suffit alors de les faire tremper dans l'eau bouillante quelques minutes pour qu'ils regonflent et nous permettent ainsi de retrouver un peu d'été.

Oignon (*soğan*) et ail (*sarmısak*)

Oignon et ail sont des essentiels de la cuisine turque et des inséparables. On les fait sauter, on les utilise dans les marinades, on les émince ou on les réduit en purée dans une grande majorité de meze, tartinades, sauces au poisson ou, bien sûr, dans le yogourt.

Poireau (*pırasa*) et céleri (*kereviz*)

Les poireaux et les céleris font partie des légumes hivernaux. Ils sont disponibles à l'année, mais on les consomme davantage pendant l'hiver, et parfois ils sont préparés ensemble. Les poireaux et les céleris sont excellents lorsque cuisinés avec beaucoup de tomates.

Poivron vert et piment (*yeşil biber*)

Les poivrons verts et les piments ne sont pas seulement des ingrédients pour cuisiner, ils sont aussi d'excellents accompagnements, même au petit-déjeuner. Lors des repas, on place toujours une assiette pleine de poivrons au centre de la table. Plusieurs types de poivrons sont disponibles en Turquie, mais la plupart du temps ils sont minces, longs et doux au goût. Il existe également une gamme de piments forts. Les plus petits et les plus épais sont employés pour être farcis alors que les autres sont croqués, frits ou cuits dans différentes recettes.

Tomate (*domates*)

Grâce à son climat, la Turquie est le troisième plus grand producteur de tomates au monde. La tomate est donc essentielle à la cuisine turque. La majorité des recettes turques commencent par la cuisson des oignons, de l'ail et des tomates. Et grâce au soleil présent tout au long de l'année, nos tomates sont vraiment bonnes, juteuses et goûteuses. Leur odeur est extraordinaire; difficile de résister! À la fin de l'été, avec l'abondance de ces beaux légumes mûrs, on fait de la pâte de tomate, des conserves ou on les fait sécher.

Les fruits

Abricot (*kayısı*) et prune (*erik*)

Les récoltes des abricots et des prunes se passent à peu près au même moment, donc on les cuisine souvent ensemble; on en fait des compotes et des confitures. On les fait également sécher pour en manger comme collation pendant l'hiver.

Coing (*ayva*)

Le coing est un fruit important dans notre cuisine. Quand la tomate n'existait pas encore en Europe, on cuisinait la viande avec le coing. C'est un fruit de l'automne qui se retrouve dans les marchés après les récoltes abondantes de l'été. On en fait des compotes, des confitures et un dessert royal : les coings braisés servis avec du *kaymak*, une crème épaisse traditionnelle (voir recette p. 137).

Figue (*incir*)

La figue séchée turque est exportée dans plusieurs pays, notamment au Québec. Il existe de nombreuses variétés de figues en Turquie. Quand on voyage pendant l'été dans la région égéenne, on trouve toujours des fermiers qui en vendent devant leurs fermes. Vers la fin du mois d'août, la récolte est si grande qu'on fait sécher tout ce qu'il nous reste, puisqu'on en a tellement mangé de fraîches !

Griotte (*vişne*)

La saison des griottes est très courte, et on les attend avec impatience toute l'année pour faire nos compotes et nos confitures. Avec les griottes, on fait des desserts et de la crème glacée, mais surtout on adore son jus très rafraîchissant, que l'on conserve toute l'année. Puisqu'elles sont très sures, on peut les tremper dans le sucre pour quelques heures et les manger ensuite avec de la ricotta fraîche. En cuisine, les griottes peuvent être remplacées par des canneberges (voir recette p. 138).

Mandarine, orange, citron, bergamote (*turunçgiller*)

En Turquie, ces agrumes sont des fruits hivernaux dont l'arrivée coïncide avec le moment où l'on a vraiment besoin de vitamine C. Tous les jours, on consomme beaucoup de mandarines et d'oranges, et on boit leur jus fraîchement pressé. La bergamote, quant à elle, est utilisée pour faire de la confiture, et on extrait son arôme pour faire du thé.

Puisque mon père a une ferme de mandarines et d'oranges, j'en ai toujours mangé une très grande quantité, tellement que mes mains en devenaient jaune orangé.

Melon (*kavun*) et melon d'eau (*karpuz*)

Un été sans melon, et surtout sans melon d'eau, est inimaginable pour moi, et probablement que tous les Turcs pensent comme moi. L'importance du melon est telle que même la température de l'eau de la mer est liée au melon d'eau. En Turquie, on a une expression qui l'explique : « L'écorce de melon d'eau est tombée dans la mer. » Ça veut dire que, lorsque les melons sont mûrs, c'est qu'il fait beau, alors on peut enfin se baigner dans la mer. Quel fruit génial pour se rafraîchir et s'hydrater pendant la chaude saison !

Pêche (*şeftali*)

Les pêches sont aussi un des fruits les plus appréciés de l'été : elles sont sucrées et très juteuses. Leur fragrance et leur douceur au toucher sont uniques. On en fait de la confiture et du nectar.

Grenade (*nar*)

En Turquie, la grenade est un fruit très polyvalent. Elle peut se manger comme telle, mais on peut en faire du sirop de grenadine, du nectar pour les salades, l'intégrer à différentes recettes ou encore boire le jus de grenade fraîchement pressé. La grenade est importante dans la vie de tous les jours, et culturellement aussi ; dans la tradition turque, on croit que la grenade signifie l'abondance, la richesse, la fertilité et la prospérité. Quand on se marie ou à l'ouverture d'un nouveau commerce, on lance toujours une grenade sur la porte ; celle-ci éclate alors en dizaines de grains qui apporteront la prospérité au commerçant.

Raisin (*üzüm*)

La région de la mer Égée produit une grande variété de raisins. Les plus connus sont les raisins sultana. Ils sont croustillants, sucrés et juteux. On peut les faire sécher ou les utiliser pour fabriquer du vinaigre.

Les noix

Les noix sont consommées quotidiennement : rôties et mangées comme collation ou utilisées dans un nombre impressionnant de recettes. Il est difficile pour moi de catégoriser chaque noix selon son utilisation dans la cuisine. Elles ont chacune leur goût et leur texture distinctifs ; elles ont donc, traditionnellement, pris leur place dans plusieurs recettes sucrées ou salées de la cuisine turque.

Amandes (*badem*)

On commence à manger des amandes quand les fruits sont encore verts, au mois de mai. Le fruit est croquant, et l'amande qui s'y trouve est une gelée liquide. Puis, pendant l'été, la

peau du fruit s'assèche et la coque et son amande durcissent. Pour cuisiner les amandes, on les blanchit et on les rôtit au besoin, selon la recette. Pour les manger comme collation, on les rôtit en les saupoudrant de sel. On cuisine les amandes avec le poulet, le riz ou on en fait un pouding traditionnel (voir recette p. 142).

Marrons (*kestane*)

On cuisine les marrons dans les recettes d'agneau et de pâtes traditionnelles, mais on profite davantage de cet ingrédient pendant l'hiver. Dans les grandes villes en Turquie, il y a un vendeur de marrons avec son chariot rôtisseur presque à chaque coin de rue. L'arôme des marrons rôtis nous emballe! Ils sont vendus dans de petits emballages en papier, donc quand on les achète chauds, on se réchauffe les mains. Les marrons sont également utilisés dans la confection de bonbons; c'est en fait une des façons les plus communes de les manger ou de les offrir en cadeau toute l'année.

Noisettes (*fındık*)

La Turquie produit 75 % des noisettes consommées dans le monde. On en mange beaucoup rôties comme collation, mais on les utilise surtout pour fabriquer le beurre de noisettes ainsi que dans l'industrie du chocolat et des pâtisseries, particulièrement dans les gâteaux.

Noix de Grenoble (*ceviz*)

La noix de Grenoble est la noix la plus commune. On la retrouve dans différentes sortes de baklavas et de desserts maison, comme les pâtes farcies aux noix et au sirop (voir recette p. 144). Les noix de Grenoble sont très utilisées dans la pâtisserie turque, particulièrement dans les biscuits et les gâteaux. Elles ont aussi leur place dans de nombreuses recettes de meze.

Pignons (*çam fıstık*)

Les pignons sont des grains, mais puisqu'on a l'habitude de les appeler noix, je les classe dans cette catégorie. Les pignons sont cuisinés la plupart du temps dans les recettes de riz, de farces et avec le poulet ou l'agneau farci. On les trouve aussi dans le dessert traditionnel de semoule.

Pistaches (*antep fıstık*)

Les pistaches sont employées régulièrement comme farce dans différentes sortes de baklavas et, grâce à leur goût qui rappelle celui du beurre, on en ajoute dans les soupes, le riz et les kebabs. Elles ont une belle couleur vive, on les utilise donc pour décorer les desserts.

Les viandes

Agneau ou chevreau (*kuzu, oğlak*)

En Turquie, quand on parle de viande, on parle généralement d'agneau ou de chevreau.

Personnellement, je préfère le chevreau puisque sa viande est plus maigre et plus goûteuse. Dans mon village, on a une tradition pour célébrer l'arrivée du printemps : on invite beaucoup d'amis et on fait cuire un chevreau entier, farci avec du riz aromatisé, son foie en cubes et des pignons ou des amandes. On le cuit lentement, au four à bois, de sept à huit heures ou jusqu'à ce que la viande se détache de l'os. La peau est alors bien dorée et croustillante, et l'intérieur est savoureux et très tendre. Ça fond dans la bouche !

Pour la cuisine de tous les jours, on utilise la plupart du temps des cubes d'agneau ou de chevreau et on les cuit avec des légumes. Sinon, on les hache pour en faire les fameuses boulettes turques ou des kebabs.

Bœuf (*sığır*)

Le bœuf est apparu très récemment dans la cuisine turque. Il y a une dizaine d'années, on a commencé à l'importer, puisque son prix est nettement plus abordable que celui des autres viandes. Pour les kebabs et les boulettes, on le mélange avec de l'agneau.

Poulet (*tavuk*), dinde (*hindi*), caille (*bıldırcın*), canard (*ördek*) et autres volailles

Le poulet et la dinde sont les volailles les plus communes en Turquie. On trouve la dinde en cubes ou en morceaux, prête à être cuisinée dans des recettes maison. On l'aime pour sa viande blanche, riche en saveur. Le poulet est aussi très présent dans la cuisine de tous les jours ; on l'achète entier, on le dépèce et on le cuit avec des légumes ou des légumineuses, ou encore on l'achète haché pour en faire de bonnes boulettes ! Les cailles, quant à elles, sont généralement cuites sur le barbecue.

Les autres volailles comme le canard, la perdrix, le faisan et la pintade sont moins cuisinées dans les grandes villes, mais elles demeurent présentes dans les villages et les campagnes, puisque les gens y chassent toujours. Elles sont principalement enrobées d'épices et ensuite poêlées, rôties ou blanchies durant les mois les plus chauds ; pendant l'hiver, on en fait d'exquis ragoûts.

Veau (*dana*)

Après l'agneau et le chevreau, le veau est la viande la plus consommée en Turquie. En général, on le cuisine pour remplacer l'agneau ou le chevreau puisque certains le trouvent moins gras et qu'il est plus abordable. En plus de sa viande, on apprécie énormément le foie de veau, que l'on mange régulièrement.

Viandes séchées (*pastırma*, *sucuk*)

Le mot *pastırma* veut dire « écraser » en turc. Sa légende commence en Extrême-Orient. Il y a

plus de mille ans, les Turcs étaient nomades et se déplaçaient à cheval. Pour conserver la viande, ils l'enrobaient d'une pâte d'épices et la séchaient à l'air. Et puisqu'ils voyageaient constamment, ils mettaient la viande enrobée d'épices en dessous de la selle. C'est ainsi qu'est née la viande écrasée et épicée, appelée *pastırma*. Le terme est resté, même si on ne met plus la viande sous la selle ! On mange cette viande séchée à l'air et cuite avec des épices telle quelle ou on l'utilise dans de nombreuses recettes.

Le *sucuk* est comme une saucisse épicée. Ce saucisson contient de l'ail et ressemble au pepperoni. Une fois cuit, le *sucuk* se mange, entre autres, dans les sandwichs chauds, mais également avec les œufs au petit-déjeuner.

Les légumineuses

Les légumineuses font partie de notre alimentation de tous les jours. On les cuisine la plupart du temps avec des tomates fraîches, des piments, des poivrons et des herbes. Parfois on les blanchit et on en fait des salades avec des herbes et des verdures, ou encore des purées ou des soupes. D'autres fois, on les cuit avec du riz ou du boulgour et/ou avec la viande ou la volaille.

Les épices

Les épices sont très importantes dans la cuisine turque, mais elles sont utilisées subtilement. On ne peut pas considérer la cuisine turque comme une cuisine épicée, c'est plutôt une cuisine parfumée et raffinée. On aime les épices, mais elles ne doivent pas dominer le goût des aliments. On choisit nos épices selon la viande ou l'ingrédient principal d'une recette et on les utilise seulement pour agrémenter ou pour relever le goût d'un mets. Il y a quelques régions de la Turquie où la cuisine est plus piquante, mais c'est plutôt le piment fort qui est présent, pas les épices.

Je n'achète pas d'épices moulues ; je vous recommande plutôt de toujours avoir des épices entières et de les moudre en petites quantités à l'aide d'un moulin à café.

Cannelle (*tarçın*)

La cannelle, grâce à son arôme, fait partie de la cuisine de tous les jours en Turquie. C'est une épice parfaite pour le sucré, mais on l'utilise également dans des mélanges de tisanes, particulièrement pendant l'hiver. Elle accompagne la plupart des recettes qui contiennent du clou de girofle, dont les gâteaux et les biscuits.

Clou de girofle (*karanfil*)

Le clou de girofle me rappelle toujours une voisine qui était comme une troisième grand-mère dans la famille. Par habitude, elle mâchait un clou de girofle après avoir mangé de l'oignon ou de l'ail pour enlever l'odeur de sa bouche. Plutôt que d'avoir une haleine d'oignon ou d'ail, elle sentait le clou de girofle.

Selon moi, le clou de girofle est une épice « sucrée ». On l'utilise principalement pour aromatiser les sirops ou les desserts de fruits braisés, et on l'emploie aussi dans différentes recettes anciennes comme le riz aromatisé avec des raisins, ou simplement avec la viande cuite avec des fruits et des noix.

Coriandre (*kişniş*)

En général, les graines de coriandre font partie des mélanges d'épices pour les kebabs ou sont utilisées pour épicer les viandes plus délicates comme le lapin ou les volailles sauvages.

Cumin (*kimyon*)

Le cumin est une des épices les plus communes mais, puisqu'elle est très puissante, il faut l'utiliser subtilement et toujours fraîchement moulue pour en avoir le vrai goût. On l'utilise pour assaisonner les boulettes, les kebabs et les légumineuses.

Piment de la Jamaïque (*yenibahar*)

Le piment de la Jamaïque s'appelle « nouvelle épice » (*yenibahar*) en Turquie. Connu après la découverte de l'Amérique, nous l'avons adapté très rapidement, car son goût et sa finesse vont de pair avec notre style culinaire.

Le piment de la Jamaïque est principalement utilisé avec le riz, les viandes ou le poulet, ou dans les farces de feuilles de vignes. Il fait partie des mélanges d'épices pour les marinades des kebabs et des grillades. Il se marie bien aussi avec les clous de girofle et la cannelle pour épicer certains desserts.

Piment rouge turc (*kırmızı biber*)

Le piment rouge turc est séché et épépiné, comme le piment en flocons. Quand vous ferez les recettes de ce livre, vous allez constater que c'est en quelque sorte mon poivre. Il n'est pas très piquant, mais il a un petit goût fumé qui aide à relever la saveur des plats, sans nécessairement brûler la langue !

Sumac (*sumak*)

Le sumac est une épice qui ajoute de l'acidité aux salades, aux kebabs ou à tous les autres repas où l'on veut une acidité contrôlable. Le sumac existait dans notre cuisine avant l'arrivée du citron et il a gardé sa place, même après la découverte d'autres acides bien luxueux. Avec sa texture intéressante et son goût unique, il ajoute une acidité bien équilibrée aux plats.

Les herbes

On cuisine abondamment avec les fines herbes en Turquie. Les plus communes et essentielles sont la menthe, le persil, l'aneth, l'origan, le thym, la sauge et les feuilles de laurier. À l'exception des feuilles de laurier et de la sauge, qu'on a presque toujours dans nos

garde-manger en format séché, chaque fois qu'on va au marché on achète une botte de chacune et on les garde au frigo. Comme ça, on est toujours prêt à cuisiner !

Les produits laitiers

Yogourt

Le mot « yogourt » est d'origine turque. Il est l'ingrédient essentiel de notre cuisine. Tout, ou presque, peut se cuisiner ou se manger avec le yogourt. On l'utilise dans les soupes, les desserts, les marinades, mais surtout comme accompagnement à tous les plats. Quand on met la table, on apporte le sel, le poivre, l'eau, le pain et un grand bol de yogourt. C'est un réflexe de toujours passer en prendre à l'épicerie quand on retourne à la maison après le travail. Évidemment, lorsque je parle de yogourt, il s'agit de yogourt nature, non de yogourt aromatisé chimiquement. Pour nous, le yogourt est plus salé que sucré, mais quand on veut manger du yogourt sucré on ajoute du miel ou du sucre en poudre ; personnellement, je le mange ainsi quand je suis fatiguée et que j'ai besoin de me calmer. Je dis toujours que je pense avoir du yogourt dans les veines au lieu du sang. D'ailleurs, ma mère raconte souvent que, quand j'étais petite et que je faisais de la fièvre, dans mon délire, je demandais du yogourt !

POUR FAIRE 500 G DE YOGOURT

8 tasses (2 l) de lait à 3,25 % de m.g. (entier et préférablement biologique)

2 c. à soupe (30 ml) de yogourt biologique (pour la première recette ; les prochaines fois, vous pourrez utiliser 2 cuillerées de votre yogourt maison)

1. Verser le lait dans une casserole profonde, porter à ébullition et faire mijoter 30 à 40 min à feu doux pour le faire réduire aux trois quarts. Brasser et surveiller de près pour que le lait ne déborde pas.
2. Verser le lait dans un bol avec un couvercle hermétique et laisser refroidir sur le comptoir jusqu'à ce que la température atteigne 36 °C.
3. Dans un petit bol, diluer les 2 c. à soupe de yogourt avec un peu de lait tiédi et le verser doucement dans le yogourt. Mélanger le tout délicatement et couvrir. Laisser fermenter le yogourt à la température ambiante sans bouger le récipient de 6 à 8 h.
4. Après ce temps de repos, le yogourt ne doit plus être liquide. Réfrigérer le yogourt pour au moins une journée. Il doit être consommé dans les 3 à 4 jours suivants.

Le yogourt maison est fait de lait de vache ou de brebis, il est donc frais et sans agents de conservation. Il est la base de nombreuses sauces et il est le premier aliment que l'on fait manger aux bébés après le lait maternel.

Ayran (boisson salée à base de yogourt)

Quand on ne mange pas le yogourt, on le boit. L'*ayran* est la boisson la plus consommée en Turquie. Il s'agit de yogourt dilué avec de l'eau et du sel et traditionnellement baraté jusqu'à l'obtention d'une belle grosse mousse sur le dessus. On le boit avec des *pides* (pain farci à la viande ou au fromage), des kebabs, des sandwichs chauds ou simplement pour se rafraîchir pendant l'été.

Crème traditionnelle (kaymak)

Le mot *kaymak* en turc sonne tout en douceur ; on dirait qu'il a été pensé pour décrire la texture et le goût de paradis de ce petit péché mignon. En réalité, le *kaymak* est la « croûte » du lait. La procédure est un peu difficile à faire à la maison, mais l'important pour moi, c'est qu'il ne contient pas de produits chimiques ajoutés pour avoir de l'épaisseur et de la texture. La crème traditionnelle est plus onctueuse et plus riche que la crème fraîche, mais si on ne peut pas trouver de *kaymak*, on peut le remplacer par de la crème fraîche ou simplement par du yogourt égoutté (voir recette p. 32).

Le *kaymak* est, la plupart du temps, servi en accompagnement aux desserts comme le baklava, pour adoucir le goût de sucre. Il fait partie du petit-déjeuner et se sert avec une couche de miel dessus. Miam, c'est vraiment réconfortant !

Fromage

Le fromage est aussi important que le yogourt en Turquie. Nous serions pratiquement capables de ne vivre que de fromage et de pain. On a même une formule à ce propos ; quand les gens nous invitent à manger, on leur dit toujours : « Ne vous fatiguez pas, on peut juste manger du pain et du fromage, l'important, c'est qu'on soit ensemble. »

La Turquie produit un bon nombre de fromages, selon les caractéristiques de ses régions : le climat et le type de lait qui s'y fait. Il faudrait un livre entier pour présenter tous ces fromages, je ne vous en donnerai donc que trois exemples des plus communs.

Fromage blanc (beyaz peynir)

Le fromage blanc est semblable à la feta et il en existe plusieurs variétés selon le lait ou selon la ville où il a été produit. Notre petit-déjeuner commence toujours par du fromage blanc et du pain chaud ou du *simit* (bagel turc). On le trouve aussi dans toutes sortes de pâtes farcies, dans les *börek* et dans les pâtisseries salées.

Kasserie (*kaşar*)

Le kasserie est un fromage affiné comme le cheddar ; son goût et sa texture varient selon son âge. Si on veut le faire fondre on le préfère plus jeune, alors que pour le manger tel quel on le choisit plus vieux.

Lor (ricotta à la turque)

Le *lor* ressemble beaucoup à la ricotta, puisqu'il est frais (non affiné) et non salé. Personnellement, quand j'ai la chance d'en avoir encore chaud (fraîchement fait), je l'aime beaucoup servi avec du miel. En général, on l'utilise dans des pâtes farcies ou on le sert en salade avec de la tomate, du piment, des fines herbes et une bonne quantité d'huile d'olive.

Les olives, l'huile d'olive, le beurre

Dans ma région natale, l'huile d'olive est aussi importante que l'eau. Quand j'étais toute petite, dès la saison des récoltes, en novembre, nous ramassions les olives pour la fabrication de l'huile et pour les manger entières. La production était gigantesque. Nous avions de l'huile d'olive à profusion toute l'année ; je n'avais qu'à descendre à la cave et à remplir ma bouteille. Le jour où je suis arrivée dans mon appartement à l'université, je cherchais où remplir ma bouteille...

Le *zeytinyaglilar*, qui veut dire « légumes cuits lentement dans l'huile d'olive », où aubergines, haricots, ocras, tomates et oignons sont servis dans leur jus de cuisson à la température ambiante, est une partie importante de la cuisine turque, au même titre que les kebabs ou les boulettes.

En septembre, dix mois après la récolte des olives, nous nettoyions le conteneur qui avait servi à entreposer l'huile pour enlever les résidus afin de préparer l'énorme récipient pour la prochaine récolte. Ma grand-mère faisait alors chauffer les résidus d'olive sur un feu de bois avec de l'eau et de la soude caustique. Une fois le mélange prêt, nous le versions dans des moules en bois et, avant que le savon prenne forme complètement, nous le coupions en morceaux et le laissions prendre quelques jours avant de l'utiliser.

Le beurre, quant à lui, est utilisé principalement dans les desserts comme le baklava, mais il est encore cuisiné dans certaines recettes de viande et dans d'anciennes recettes de riz.

Le miel et la mélasse

Pendant plusieurs siècles, le miel et la mélasse étaient utilisés dans toutes les recettes requérant du sucre, puisque le sucre raffiné n'existait pas. Depuis son arrivée, le miel et la mélasse sont principalement servis en guise d'accompagnement.

La mélasse, avec sa forte concentration en fer, aide à la régénération des cellules sanguines.

Les alcools

Bière

Aujourd'hui, en Turquie, la vie culturelle est une grande mosaïque inspirée des nombreuses civilisations qui y ont vécu depuis des millénaires. Les Sumériens, une civilisation ayant existé de 3 500 à 2 000 ans av. J.-C en Mésopotamie, sont considérés comme étant les inventeurs de la bière.

La bière existe depuis toujours en Turquie et, même si elle n'a jamais fait partie de rituels ou d'une philosophie comme c'est le cas pour le raki, elle est encore présente.

On aime prendre une bière après le travail ou après l'école (pour les universitaires), dans les pubs qui sont situés, préférablement, au bord de la mer. Dans ma ville natale, Izmir, il y a plus d'une centaine de pubs qui bordent la mer. À la fin de la journée, on se réunit avec des amis, on choisit un pub et on boit de la bière accompagnée de noix rôties chaudes, de brochettes de moules frites, de calmars frits, ou simplement de frites bien dorées avec un ketchup maison. Oui, je l'avoue, on n'arrête jamais de grignoter !

La bière turque la plus connue est l'Efes, nommée en l'honneur de la ville portant le nom de l'ancienne cité grecque, Éphèse, située près de la ville d'Izmir. Cette marque de bière produite en Turquie détient environ 80 % des parts du marché. Son produit phare, la bière Efes Pilsen, doit son goût unique au riz ajouté aux autres ingrédients lors de l'étape du brassage.

Il existe aussi une autre marque venant du Danemark, la Tuborg, dont le goût plaît aux Turcs, et dont la brasserie est située à Izmir. Par chance, on en trouve maintenant dans de nombreux commerces au Québec.

Vin

Le vin existe depuis aussi longtemps que la bière en Turquie, mais puisque le raki domine encore tous les rituels de consommation d'alcool, le vin n'avait pas, jusqu'à tout récemment, toute la place qu'il devrait occuper. Toutefois, depuis une cinquantaine d'années, les Turcs produisent une plus grande variété de raisins et de vins haut de gamme. Désormais, les nouvelles générations apprécient autant le bon vin que le raki.

Raki

Le raki est une eau-de-vie à base de raisins aromatisée à l'anis. La plupart du temps, il est bu allongé avec de l'eau, mais on le prend parfois sec. On le sert généralement avec deux verres, l'un contenant le raki, l'autre de l'eau et de la glace. Alcool incolore de 45 % à 60 %, le raki devient blanc laiteux une fois mélangé à l'eau. C'est peut-être pour cette raison qu'on l'appelle

« lait de lion », ou peut-être est-ce simplement parce que l'on devient plus courageux qu'un lion après avoir bu quelques verres de raki !

Le mot « raki » est pratiquement devenu un mot composé, car on ne peut maintenant parler de raki sans parler de *rakı-meze* ou de *rakı-balik* (poisson). Par exemple, on appelle un ami et on lui demande : « Hé, est-ce que ça vous tente de faire *rakı-meze* ou *rakı-balik* ce soir ? » La réponse est la plupart du temps un « oui » spontané. Donc, après le travail, tout le monde fait de petites courses à l'épicerie ou apporte ce qu'il a de prêt chez lui. Quelqu'un achète du raki, un autre achète le poisson (si c'est le menu choisi), on se rencontre chez les hôtes, on prépare des recettes de meze, on ajoute le fromage blanc, un accompagnement essentiel au raki, quelques charcuteries comme le *pastırma* et des noix rôties, et voilà ! On lève nos verres de raki à la santé de tous ceux qui sont présents : « Serefe ! » En grignotant des meze et en buvant du raki, on se raconte nos journées, nos problèmes ou nos bonnes nouvelles. On partage simplement notre vie avec des amis, autour d'une table. Boire le raki est un des rituels les plus importants en Turquie. Il est presque sacré. Il y a même des livres et des encyclopédies pour raconter la culture du raki, pour expliquer tout l'univers entourant son histoire et, surtout, pour mieux comprendre et apprendre les habitudes liées à sa consommation. Boire le raki n'est pas que le simple fait de prendre un verre, il y a une très ancienne et importante philosophie autour de cet alcool. Par exemple, le raki ne se boit pas seul et, surtout, il n'est pas fait pour se soûler. Lorsqu'on boit le raki, on choisit bien les gens avec qui on le fait, parce qu'on le fait principalement pour s'exprimer ; il faut donc savoir autant écouter que bien parler.

En Turquie, nous avons un mot qui explique le rituel du raki : *demlenmek*, qui veut dire infuser. Entre amis, on boit lentement en mangeant des meze ; le raki s'infuse peu à peu dans notre corps et nous aide à participer à la bonne conversation entre amis. On parle, on rit et, la plupart du temps, on finit la soirée en chantant des chansons d'amour. Le principe reste toujours le même : « Tout ce qui se dit entre nous à cette table reste entre nous. » C'est donc une sorte de thérapie pour relaxer et s'exprimer en toute confiance.

Et quand on part à la fin de la soirée, on commence déjà à planifier la prochaine rencontre, qui sera pour très bientôt !

Les recettes de base des meze

Yogourt égoutté

Süzme yoğurt

2 contenants de 750 g de yogourt nature à 3,25 % de m.g. (préférablement biologique)

Mettre un coton à fromage dans une passoire fine et déposer le tout sur un bol. Verser le yogourt dans la passoire et laisser égoutter au moins 6 h, de préférence 24 h. Après avoir égoutté les 1,5 kg de yogourt, vous obtiendrez 750 g de yogourt ferme.

Yogourt à l'ail

Sarmısaklı yoğurt

1 ½ tasse (375 ml) de yogourt nature à 3,25 % de m.g. (préférablement biologique)

1 gousse d'ail, en purée (pour éviter les grumeaux dans le yogourt)

1 pincée de sel de mer fin

Mélanger tous les ingrédients dans un bol, transvider dans un contenant hermétique, couvrir et réfrigérer. Cette sauce peut se conserver environ trois jours au réfrigérateur.

Le yogourt à l'ail est essentiel dans la cuisine turque. On le sert pour accompagner presque tout : les légumes frits, les viandes grillées ou braisées, les boulettes grillées ou frites, les kebabs avec sauce tomate, les raviolis à la viande, les pâtes farcies (*börek*) aux épinards ou à la viande, les œufs brouillés aux tomates et au piment, les œufs pochés, etc.

BEURRE CLARIFIÉ

Terayağı

Faire fondre le beurre dans une casserole à feu doux. Attention à ne pas le faire brûler. Laisser mijoter en brassant fréquemment jusqu'à ce qu'il ne reste qu'une partie solide au fond de la casserole. Filtrer le tout avec un filtre à café et jeter la matière solide qui reste dans le filtre. Déposer la matière liquide dans un contenant hermétique et réfrigérer. Le beurre clarifié peut se garder une semaine au réfrigérateur.

1 lb (450 g) de beurre non salé, coupé en cubes

OIGNONS CARAMÉLISÉS

Kavrulmuş soğan

Chauffer l'huile d'olive dans un grand poêlon. Ajouter l'oignon émincé et le sel. Baisser le feu et laisser caraméliser l'oignon en brassant fréquemment. Quand l'oignon commence à avoir une belle couleur dorée, incorporer le sucre et le jus de citron. Continuer la caramélisation 8 à 10 min de plus, jusqu'à ce que l'oignon ait bruni légèrement, sans toutefois noircir. Il sera tendre, mais intact.

On peut servir les oignons caramélisés avec pratiquement toutes les recettes de grillades ou de boulettes de ce livre.

¼ tasse (60 ml) d'huile d'olive extra-vierge

2 oignons espagnols, épluchés et émincés

1 c. à thé (5 ml) de sel

1 c. à thé (5 ml) de sucre

1 c. à soupe (15 ml) de jus de citron

SAUCE AUX PIGNONS POUR LES CALMARS FRITS OU LES FRUITS DE MER

Tarator

2 gousses d'ail, épluchées

1 tasse (250 ml) de pignons

2 c. à soupe (30 ml) de chapelure nature

1 c. à thé (5 ml) de sel de mer fin

¼ tasse (60 ml) de jus de citron

¼ tasse (60 ml) d'huile d'olive extra-vierge

¼ tasse (60 ml) d'eau froide

Mettre l'ail, les pignons, la chapelure et le sel dans un robot et réduire en purée. Incorporer le jus de citron et l'huile d'olive en laissant le robot fonctionner. Continuer en ajoutant de l'eau pour liquéfier le mélange. Quand vous avez une texture semblable à celle du pesto, arrêter le robot et verser la sauce dans un bol. Goûter et rectifier la quantité de sel. Si la texture est très onctueuse, ajouter un peu d'eau et bien mélanger. La sauce peut se conserver une semaine au frigo, dans un contenant hermétique.

En Turquie, cette sauce est essentielle avec les calmars frits ou les brochettes de moules frites. Vous pouvez aussi l'utiliser pour accompagner les cocktails de crevettes ou les filets de poisson pochés ou grillés.

TOMATES SÉCHÉES

Kuru domates

Couper les tomates en deux, dans le sens de la longueur. Les déposer sur une plaque, côté chair vers le haut. Saler. Mettre la plaque au four et cuire à 250 °F (120 °C) de 6 à 7 h pour bien sécher les tomates. Laisser refroidir et garder dans un bocal en verre hermétique. Les tomates séchées se gardent tout l'hiver.

- 10-12 tomates italiennes bien mûres
- 3 c. à soupe (45 ml) de gros sel de mer ou de sel casher

En Turquie, faire sécher les tomates fait partie de notre préparation pour l'hiver. Dans la plupart des régions, lorsque arrivent la fin du mois d'août et le début du mois de septembre, quand les récoltes sont abondantes, on commence à penser à l'hiver. On fait sécher les aubergines, toutes sortes de piments et de poivrons, les tomates, etc. D'ailleurs, sachez que la plupart des tomates séchées que l'on trouve dans les marchés ici viennent de Turquie.

SIROP SIMPLE À LA VANILLE

Şerbet

Couper la gousse de vanille en deux dans le sens de la longueur et enlever les graines avec le bout d'un couteau.

Dans une casserole, mettre l'eau, le sucre, les graines et la peau de la gousse de vanille. Faire bouillir environ 15 min pour avoir un sirop d'une bonne consistance. Ajouter quelques gouttes de jus de citron pour empêcher la cristallisation du sucre. Laisser refroidir. Verser dans un bol muni d'un couvercle et garder au réfrigérateur jusqu'à l'utilisation. Le sirop de vanille peut se garder au froid environ une semaine ; vous pouvez donc le préparer à l'avance.

- 1 gousse de vanille
- 3 tasses (750 ml) d'eau
- 2 tasses (500 ml) de sucre fin
- 2-3 gouttes de jus de citron

Sirop de grenadine

Nar ekşisi

10 grenades

¼ tasse (60 ml) de sucre

2 c. à soupe (30 ml)
de jus de citron

Couper les grenades en deux et les presser à l'aide du presse-jus. Verser le jus dans une casserole non réactive (en acier inoxydable ou en pyrex), puis ajouter le sucre et le jus de citron. Faire mijoter pendant 1 h environ. Le jus réduira et prendra la consistance de la confiture. Avec 1 l de jus de grenade, vous obtiendrez 1 tasse de sirop de grenadine pur.

Le sirop de grenadine est très concentré et a une saveur d'agrume sucré. Il s'agit d'un bon ingrédient à ajouter aux vinaigrettes, qui rehaussera aussi les sauces accompagnant des viandes comme le foie de veau.

Vinaigrette à la grenadine

Nar ekşili salata sosu

1 tasse (250 ml) d'huile d'olive
extra-vierge

2 c. à soupe (30 ml) de sirop
de grenadine pur

½ c. à soupe (7,5 ml) de jus
de citron

½ c. à thé (2,5 ml) de sel de mer
fin

½ c. à thé (2,5 ml) d'ail, haché
(facultatif)

Mettre tous les ingrédients dans un bol et mélanger jusqu'à ce que le sel soit complètement dissous. Goûter et rectifier la quantité de sel et le niveau d'acidité. Si vous trouvez la vinaigrette un peu trop acide, vous pouvez y ajouter une pincée de sucre pour équilibrer le goût. Elle se conserve au frigo pendant une semaine, dans une bouteille de verre avec un couvercle bien hermétique.

Cette vinaigrette est particulièrement bonne sur une salade de tomates ou une salade mixte.

Verjus

Koruk ekşisi

Écraser les raisins dans un bol. Filtrer pour récupérer le jus et le verser avec les autres ingrédients dans une casserole. Faire mijoter à feu moyen pendant 1 h ou jusqu'à ce que le liquide réduise de trois quarts. Laisser refroidir complètement et mettre dans une bouteille en verre avec un couvercle bien hermétique. Le verjus peut se garder de trois à quatre mois au frigo.

Les raisins surs sont disponibles dans les marchés moyen-orientaux ou dans les vignobles du Québec durant les mois de juin et juillet.

2 tasses (500 ml) de raisins verts immatures (non mûrs)
4 tasses (1 l) d'eau
1 c. à soupe (15 ml) de sucre

En Turquie, durant l'été, nous utilisons dans les recettes le jus de raisin sur frais et, pour l'hiver, nous préparons le verjus. Le jus de raisin sur est le liquide acide le plus populaire pour préparer les vinaigrettes ; il a beaucoup de caractère et de saveur. C'est pendant qu'il est en saison que nous le préférons. En plus, le jus de raisin sur contient des minéraux comme le magnésium et le potassium.

La recette de vinaigrette la plus appréciée dans ma ville natale se fait avec ½ tasse d'huile d'olive, 2 à 3 c. à soupe de jus de raisin sur, ½ c. à thé d'ail haché et une pincée de sel. On la verse sur des légumes blanchis comme les haricots verts, le chou kale et la bette à carde. On l'utilise aussi pour la cuisson de différents légumes, surtout l'ocra. On peut également l'employer comme vinaigrette avec une salade de feuilles mixtes ou une salade de tomates.

Comment manger les meze

Un écrivain turc disait dans une rubrique gastronomique : « En Turquie, d'abord une gorgée de raki, après une bouchée de meze. En France, d'abord une bouchée de nourriture, après une gorgée de vin. »

Par tradition, les meze sont des petits plats chauds ou froids, dans lesquels les saveurs se mêlent délicieusement. Servis au début d'un repas, en entrée ou en hors-d'œuvre, ils peuvent aussi former un repas complet, vaste sélection de mets qui se dégustent lentement et se complètent pour accompagner le raki, la bière ou le vin. Manger des meze, c'est le plaisir de se retrouver entre amis et de partager quelques petits plats à n'importe quel moment de la journée, mais c'est aussi synonyme de repas convivial entre famille et amis, où le partage est essentiel. Bref, plus nous sommes nombreux autour de la table à partager les meze, plus la quantité et la variété seront importantes.

Dans la cuisine turque, il existe plus de quatre cents recettes de meze. Pour mon livre, j'en ai choisi une soixantaine, que j'ai adaptées à notre mode de vie moderne, aux saisons et aux ingrédients d'ici. Des recettes simples avec peu d'ingrédients pour savourer une partie de la tradition culinaire turque.

Pour faciliter la compréhension des recettes, disons d'abord qu'il n'y a pas de portions précises dans ce livre, puisque le but est de partager les meze entre tous. Par exemple, pour deux personnes, cinq à sept recettes peuvent suffire, mais selon l'appétit et le nombre de convives, le nombre de meze servis pour un repas ou un « entre-repas » peut varier. Et si vous avez des « restes », ils peuvent très bien accompagner votre repas du lendemain !

Lorsque vous composez votre menu, n'oubliez pas que la variété est importante. Il faut vous assurer de présenter une belle sélection : des meze à tartiner, de légumes, de légumineuses, du fromage, des *böreks*, des meze froids, tièdes ou chauds de viandes, de poissons ou de fruits de mer. Déposer tous les plats au centre de la table et n'oubliez pas de déguster le tout avec du bon pain chaud !

MEZE À TARTINER ET MEZE DE LÉGUMINEUSES

Ezmeler ve Baklagiller

Les principaux ingrédients utilisés dans la préparation de ces meze sont les légumes – aubergine, courgette, épinard, céleri-rave... –, ainsi que les légumineuses – pois chiches et fèves gourganes –, les poissons ou les œufs de poisson, les fromages ou le yogourt égoutté. Tous ces ingrédients sont préparés en utilisant une technique similaire, soit : battus, écrasés, en purée ou pressés et aromatisés avec des herbes, de l'ail et de l'huile d'olive extra-vierge.

MEZE AU YOGOURT À L'AIL, MENTHE FRAÎCHE, ANETH FRAIS ET HUILE D'OLIVE

Haydari

2-3 gousses d'ail, épluchées

Sel de mer

1 lb (450 g) de yogourt nature
à 3,25 % de m.g. (préférablement biologique), égoutté
(voir recette p. 32)

¼ tasse (60 ml) de feuilles
de menthe fraîche, hachées

¼ tasse (60 ml) d'aneth, haché

¼ tasse (60 ml) d'huile d'olive
extra-vierge

1 c. à thé (5 ml) de menthe
séchée

Déposer les gousses d'ail épluchées dans un mortier avec une pincée de sel. Écraser pour en faire une purée.

Mettre le yogourt ferme dans un bol. Ajouter les herbes hachées, la purée d'ail, l'huile d'olive, la menthe séchée, et saler au goût. Bien mélanger et laisser reposer au moins 30 min afin que les arômes se mêlent.

Pour servir, mettre dans une belle assiette, décorer avec des tranches de tomate, de concombre ou des feuilles de menthe et un filet d'huile d'olive.

Cette recette est très facile à faire et tout aussi facile à proposer comme accompagnement avec un nombre illimité d'aliments. Vous pouvez la servir avec du pain ou du pita, sur des toasts ou des craquelins, avec des crudités, comme sauce ou tartinade dans les sandwichs ou comme accompagnement aux viandes grillées, surtout l'agneau.

MEZE DE CÉLERI-RAVE CRÉMEUX AUX NOIX DE GRENOBLE

Kerevizli meze

1 tasse (250 ml) d'eau

½ tasse (125 ml) de jus de citron

1 tête de céleri-rave

2 c. à soupe (30 ml) de yogourt nature à 3,25 % de m.g. (préférablement biologique)

2 c. à soupe (30 ml) de mayonnaise

1 gousse d'ail, hachée

1 c. à soupe (15 ml) de chapelure nature

Sel de mer

1 c. à soupe (15 ml) de noix de Grenoble, hachées grossièrement

1 c. à soupe (15 ml) d'huile d'olive extra-vierge

Tranches de mandarine (facultatif)

Dans un bol, verser l'eau et ¼ de tasse de jus de citron. Éplucher le céleri-rave avec attention (puisqu'il est assez dur) et le couper en quartiers. Déposer les morceaux de céleri-rave sans tarder dans le bol d'eau et de jus de citron.

Râper au robot ou à la râpe le céleri-rave coupé et le remettre rapidement dans l'eau citronnée. Laisser reposer quelques minutes. Pendant ce temps, préparer le mélange de yogourt et de mayonnaise dans un autre bol. Ajouter l'ail, le reste du jus de citron et la chapelure, puis mélanger. Égoutter le céleri-rave râpé en l'essorant le plus possible et l'incorporer au mélange. Saler au goût. Réfrigérer jusqu'au moment de servir.

Déposer dans un bol et garnir avec des noix de Grenoble, un filet d'huile d'olive et des tranches de mandarine.

Tartinade de feta

Beyaz peynir ezme

Dans un bol, mélanger tous les ingrédients (à l'exception des noix) jusqu'à l'obtention d'une texture crémeuse. Pour ne pas que la tartinade ait une couleur mauve, n'ajouter les noix qu'au moment de servir. Présenter dans un bol avec des tranches de tomate, de concombre, de poivron et beaucoup de pain chaud.

7 oz (200 g) de fromage feta double crème

4 à 5 c. à soupe (60 à 75 ml) de yogourt à 3,25 % de m.g. (préférablement biologique)

2 c. à soupe (30 ml) de lait

2 c. à soupe (30 ml) d'huile d'olive extra-vierge

1 poignée de persil, haché

Sel de mer

1 c. à soupe (15 ml) de noix de Grenoble, hachées

Meze aux poivrons rouges grillés et aux noix de Grenoble

Kırmızı biberli ezme

Si vous utilisez des poivrons frais, les griller de tous les côtés, préférablement sur le barbecue, sinon au four à *broil* en les tournant régulièrement. Mettre les poivrons dans un bol et couvrir d'une pellicule plastique. Laisser refroidir, retirer la peau et épépiner.

Pour des poivrons rouges déjà grillés, choisir un produit dans un pot en verre. Ainsi, vous pourrez voir si les poivrons sont bien rouges. Égoutter et laver les poivrons pour enlever le goût de la saumure, les restants de peau et les pépins.

Au robot, réduire en purée les poivrons rouges grillés et les gousses d'ail. Verser le mélange dans un bol, puis ajouter la pâte de tomate, la pâte de piment fort, l'huile d'olive, la chapelure, le sel, les flocons de piment fort et la menthe. Bien mélanger. Incorporer les noix à la toute fin pour ne pas les écraser. Laisser reposer un minimum de 30 min au réfrigérateur.

Ce meze est très bon avec du pain ou du pita. Il accompagne bien les grillades, particulièrement le poulet. N'oubliez pas de l'utiliser aussi dans les sandwichs.

Pour un événement de service-traiteur que j'avais préparé pour 200 personnes, j'ai ajouté une cuillerée de ce meze sur une salade de roquette. Le résultat était incomparablement bon ; la fragrance des poivrons grillés, la texture des noix, la saveur particulière et la couleur contrastante en ont fait un succès pour moi et une superbe salade pour mes clients !

5-6 poivrons rouges frais (ou poivrons rouges grillés en pot)

2 gousses d'ail, épluchées

1 c. à soupe (15 ml) de pâte de tomate

½ c. à soupe (7,5 ml) de pâte de piment fort

¼ tasse (60 ml) d'huile d'olive extra-vierge

3 à 4 c. à soupe (45 à 60 ml) de chapelure nature

Sel de mer

1 c. à thé (5 ml) de flocons de piment rouge fort

1 c. à thé (5 ml) de menthe séchée

2 c. à soupe (30 ml) de noix de Grenoble, hachées grossièrement

Tarama*

½ petit oignon

2 contenants de 115 g de caviar de rouget (œufs de rouget)

½ tasse (125 ml) de chapelure nature

1 tasse (250 ml) d'huile d'olive extra-vierge

¼ tasse (60 ml) de jus de citron

10 olives noires entières

Oignons verts, tranchés (pour décorer)

Couper l'oignon en morceaux. Au robot, mélanger le caviar, l'oignon et la chapelure, en ajoutant de l'huile d'olive et du jus de citron en alternance, pendant environ 2 min, soit jusqu'à l'obtention d'une pâte épaisse.

Transférer dans un bol hermétique et réfrigérer jusqu'au moment de servir. Présenter dans une assiette plate avec des olives, des oignons verts tranchés et des tranches de pain grillé.

* Voir photo de la recette à la page 46.

Caviar d'aubergine au yogourt

Patlıcan ezme

Préchauffer le four à *broil*. Percer les aubergines entières avec un cure-dent et les mettre sous le gril. Les cuire de tous les côtés jusqu'à ce qu'elles soient très molles au toucher. Laisser refroidir environ 15 min. Dans un bol, verser le jus de citron.

Pour éplucher les aubergines, couper les têtes et faire une incision sur la longueur du légume, puis enlever la chair avec une cuillère.

Ajouter le sel aux aubergines et en faire une purée à l'aide d'une fourchette. Filtrer le mélange à l'étamine pour enlever l'excédent de liquide. Remettre la purée d'aubergine dans un bol et incorporer le yogourt et l'huile d'olive. Goûter et rectifier la quantité de sel au besoin.

2 aubergines entières

1 c. à thé (5 ml) de sel de mer

½ tasse (125 ml) de yogourt nature à 3,25 % de m.g. (préférablement biologique)

2 c. à soupe (30 ml) d'huile d'olive extra-vierge

Servir avec des tranches de tomate, des feuilles de menthe et du poivron vert hongrois grillé, si disponible. Ce caviar d'aubergine est toujours bon avec des viandes grillées.

Purée de pois chiches aromatisés avec yogourt

Nohut püresi (yoğurtlu)

¼ tasse (60 ml) d'huile d'olive extra-vierge

1 petit oignon, haché finement

1 boîte de 19 oz (540 ml) de pois chiches en conserve (préférablement biologiques), rincés et égouttés

1 c. à thé (5 ml) de cumin, fraîchement moulu

1 gousse d'ail, en purée

¼ tasse (60 ml) de yogourt nature à 3,25 % de m.g. (préférablement biologique)

Sel de mer

Feuilles d'aneth et tranches de tomate (pour décorer)

Piment rouge turc

Verser la moitié de la quantité d'huile d'olive dans une poêle et faire sauter l'oignon, sans le colorer, à feu moyen. Ajouter les pois chiches et faire sauter ensemble 1 min de plus, puis retirer du feu.

Passer le mélange de pois chiches au robot jusqu'à l'obtention d'une purée lisse. Ajouter le cumin, l'ail et le reste de l'huile d'olive. Laisser refroidir complètement et incorporer ensuite le yogourt. Ajouter le sel au goût.

Servir dans des bols et décorer avec les feuilles d'aneth, les tranches de tomate et un filet d'huile d'olive. Saupoudrer de piment rouge turc si vous aimez le goût épicé.

Une autre variété de meze pour vos partys qui est aussi un bon accompagnement pour les grillades.

Salade de haricots cannellini aux tomates, poivron et herbes

Piyaz

Mettre les haricots dans un bol rempli d'eau tiède et laisser tremper toute une nuit. Rincer les haricots, puis les déposer dans une casserole avec l'eau, la tige de sauge, les deux gousses d'ail et une pincée de sel. Faire mijoter de 45 min à 1 h, ou jusqu'à ce que les haricots soient tendres mais toujours intacts.

Égoutter les haricots, jeter la sauge et l'ail et mettre les haricots dans un bol. Laisser refroidir.

Dans un autre bol, mettre les oignons verts, le poivron, les tomates, le persil et l'oignon. Ajouter le vinaigre, une pincée de sel et l'huile d'olive. Bien mélanger. Incorporer les légumes aux haricots et touiller délicatement. Dresser dans une assiette à salade creuse. Garnir avec les tranches d'œuf dur et saupoudrer de piment rouge turc au goût.

Cette salade de haricots accompagne très bien le foie de veau poêlé (p. 121) et les boulettes d'agneau grillées (p. 116), et peut faire partie de votre buffet de meze.

1 tasse (250 ml) de haricots blancs cannellini secs
3 tasses (750 ml) d'eau
1 tige de sauge
2 gousses d'ail, épluchées
Sel de mer
2-3 oignons verts, coupés en rondelles
1 poivron vert cubanelle, coupé en rondelles
2 tomates, coupées en quartiers
10-12 feuilles de persil, hachées
1 oignon, émincé
1 c. à soupe (15 ml) de vinaigre de vin rouge
¼ tasse (60 ml) d'huile d'olive extra-vierge
1 œuf dur, en tranches
Piment rouge turc

Purée de gourganes séchées avec oignons caramélisés

Fava

Dans une casserole, mettre les gourganes séchées, l'oignon et l'eau. Faire mijoter 45 min ou jusqu'à ce que les fèves deviennent très molles. Passer le tout dans une passoire fine afin d'obtenir une purée parfaite. Ajouter l'huile d'olive et le sel. Verser la purée dans un contenant hermétique et garder réfrigéré.

Pour servir, déposer la purée dans une assiette creuse et garnir d'oignons caramélisés, d'aneth haché et d'olives noires.

En Turquie, le *fava* fait partie des meze de presque toutes les régions ; dans mon village, durant mon enfance, on le mangeait comme repas avec beaucoup d'huile d'olive et du pain frais. L'oignon caramélisé et les olives noires sont des ajouts de mon père à la recette originale.

Le goût et l'odeur de l'oignon qui cuit au four, dans sa pelure, sont parmi mes premiers souvenirs d'enfance. C'est pour cette raison que je sers toujours le *fava* avec les oignons caramélisés à mon restaurant.

1 tasse (250 ml) de gourganes séchées sans la peau

½ oignon, coupé grossièrement

2 tasses (500 ml) d'eau

¼ tasse (60 ml) d'huile d'olive extra-vierge

Sel

1 tasse (250 ml) d'oignons caramélisés (voir recette p. 33)

6-7 branches d'aneth, hachées

Olives noires (pour décorer)

Boulettes de lentilles rouges

Mercimek köfte

1 tasse (250 ml) de lentilles rouges, rincées

2 ½ tasses (625 ml) d'eau

½ tasse (125 ml) de boulgour fin (#1)

1 oignon, haché

3 c. à soupe (45 ml) d'huile d'olive extra-vierge

1 c. à soupe (15 ml) de pâte de tomate

½ c. à soupe (7,5 ml) de pâte de piment fort (ou de harissa)

Sel et poivre

1 c. à thé (5 ml) de cumin, fraîchement moulu

2 c. à soupe (30 ml) de jus de citron

1 tasse (250 ml) de persil, haché

1 petite pomme de laitue

Sauce

1 tomate, coupée en petits cubes

Coriandre fraîche, ciselée

Huile d'olive extra-vierge

Jus de citron

Sel de mer

Faire mijoter les lentilles dans l'eau pendant 20 min à feu moyen ou jusqu'à ce qu'elles éclatent et qu'il n'y ait plus d'eau dans la casserole. Ajouter le boulgour. Retirer la casserole du feu. Couvrir et laisser reposer de 15 à 20 min. Pendant ce temps, dans une poêle, faire revenir l'oignon 2 à 3 min dans l'huile d'olive, puis incorporer la pâte de tomate et la pâte de piment fort. Saler, poivrer et ajouter le cumin. Bien mélanger.

Dans un bol, ajouter cette préparation au mélange de lentilles et de boulgour. Incorporer le jus de citron et remuer jusqu'à l'obtention d'une purée épaisse. Laisser tiédir et ajouter le persil. Une fois le mélange refroidi, former des quenelles à l'aide de deux cuillères (ou simplement avec les mains) et les servir froides sur des feuilles de laitue.

Pour la sauce, mélanger les cubes de tomate, la coriandre, un filet d'huile d'olive, quelques gouttes de jus de citron et du sel au goût. Servir sur les quenelles.

SALADES ET LÉGUMES

Salatalar ve Sebzeler

Dans la cuisine turque, les légumes cuits lentement ou
grillés peuvent s'appeler « salade », selon leur préparation.
Les salades et les légumes restent au milieu de la table
tout au long du repas, comme accompagnements aux autres
plats ou simplement comme meze.

Salade de tomates, de concombres et de poivrons

Kaşık salata

2 tomates bien rouges, épépinées et hachées finement

1 poivron vert cubanelle, épépiné et haché finement

1 poivron rouge long, épépiné et haché finement

½ oignon rouge, haché finement

1 petit concombre, épépiné et haché finement

½ tasse (125 ml) de feuilles de persil, hachées

½ tasse (125 ml) d'aneth, haché

¼ tasse (60 ml) de menthe, hachée

¼ tasse (60 ml) d'huile d'olive extra-vierge

¼ tasse (60 ml) de jus de citron

¼ c. à thé (1,25 ml) de pâte de piment fort (facultatif)

½ c. à thé (2,5 ml) de nectar de grenade (disponible dans les épiceries moyen-orientales)

½ tasse (125 ml) de grains de grenade

Sel de mer

Placer tous les légumes hachés sur une planche et hacher de nouveau jusqu'à l'obtention d'une texture semblable à la salsa. Mettre les légumes hachés dans un bol. Ajouter les herbes. Mélanger le tout avec l'huile d'olive, le jus de citron, la pâte de piment, le nectar et les grains de grenade. Saler au goût. Laisser reposer au moins 30 min au réfrigérateur.

Servir la salade dans une assiette profonde, accompagnée d'un bon pain frais pour profiter du jus. Sinon, dégustez-le à la cuillère !

Cette salade peut aussi être servie comme garniture sur les grillades, particulièrement les côtelettes d'agneau ou les boulettes d'agneau grillées.

Salade du berger

Çoban salata

2 tomates, épépinées et coupées en cubes de ⅓ po (1 cm)

1 poivron vert cubanelle, épépiné et coupé en rondelles

2 petits concombres ou ½ concombre anglais, coupés en cubes

½ oignon rouge, émincé très finement

1 ¼ oz (50 g) de fromage feta, coupé en cubes

10-15 olives noires

½ tasse (125 ml) de persil, haché

½ tasse (125 ml) d'aneth, haché

5-6 feuilles de menthe, ciselées

2 œufs durs, coupés en quartiers

Vinaigrette

¼ tasse (60 ml) d'huile d'olive extra-vierge

Jus d'un citron

½ c. à thé (2,5 ml) d'ail, haché

1 c. à thé (5 ml) de vinaigre de vin blanc

Sel de mer

Dans un saladier, mélanger tous les ingrédients de la salade délicatement.

Dans un bol à part, préparer la vinaigrette en mélangeant l'huile d'olive, le jus de citron, l'ail et le vinaigre de vin blanc, puis saler au goût.

Ajouter la vinaigrette à la salade 10 min avant de servir. Dresser la salade dans une assiette peu profonde, et décorer avec les quartiers d'œufs durs.

Cette salade très aromatisée, savoureuse et nutritive peut accompagner plusieurs plats comme les grillades, les boulettes ou les légumes farcis. Elle peut également être servie seule en repas léger avec un bon pain croustillant, et il faut absolument goûter son jus en trempant son pain dedans.

Pendant l'été, en Turquie, lorsqu'on commande une salade, on dit : « *Çoban salata.* »

Salade de pourpier au yogourt

Yoğurtlu semizotu salatası

Laver le pourpier, séparer les feuilles des tiges et jeter ces dernières. Dans un saladier, combiner le yogourt à l'ail et l'huile d'olive. Ajouter le pourpier délicatement et mélanger. Garder réfrigéré jusqu'au moment de servir.

1 tasse (250 ml) de pourpier (ou remplacer par des feuilles de mâche)

1 tasse (250 ml) de yogourt à l'ail (voir recette p. 32)

2 c. à soupe (30 ml) d'huile d'olive extra-vierge

Cette salade est légère et très rapide à préparer. Un incontournable de l'été !

Salade romaine et cresson

Marul salatası

1 salade romaine, lavée et coupée grossièrement

1 botte de cresson, lavée et coupée grossièrement

2-3 oignons verts, hachés

½ tasse (125 ml) de persil, grossièrement haché

½ tasse (125 ml) d'aneth, grossièrement haché

10 feuilles de menthe

1 orange, coupée en suprêmes

Vinaigrette

¼ tasse (60 ml) d'huile d'olive extra-vierge

Jus d'un citron

1 c. à thé (5 ml) de sumac

Sel de mer

Bien mélanger la salade, le cresson, les oignons verts et les herbes. Placer dans une assiette à salade. Décorer avec les suprêmes d'orange.

Préparer la vinaigrette en combinant l'huile d'olive avec le jus de citron, le sumac et le sel. Rectifier le niveau d'acidité selon votre goût et verser la vinaigrette sur la salade.

La salade romaine est la variété la plus populaire en Turquie, surtout pendant l'hiver et avec le poisson grillé. Cette recette est issue du XVIIe siècle. Apparemment, cette simple salade se retrouvait à la table des sultans, qui y mettaient à l'époque des pétales de rose. Dans cette version, j'ai ajouté des suprêmes d'orange pour donner plus de goût, plus de vitamines et aussi plus de couleurs dans l'assiette.

La tradition turque veut que les salades restent au milieu de la table tout au long du repas, puisqu'elles accompagnent les différents plats jusqu'à la fin. Nous aimons aussi beaucoup tremper notre pain dans la vinaigrette, donc un bon pain croustillant est essentiel !

Cette salade est très polyvalente, elle peut tout accompagner. Laissez donc libre cours à votre imagination !

SALADE DE POMMES DE TERRE À LA TURQUE

Patates salatası

Dans une casserole, cuire les pommes de terre avec la peau dans de l'eau salée jusqu'à ce qu'elles soient tendres, mais fermes. Égoutter, laisser refroidir et éplucher les pommes de terre, puis les couper en 2 ou en 4 selon leur grosseur.

Dans un grand saladier, combiner délicatement les pommes de terre, les herbes, les échalotes, la tomate et le poivron vert.

Dans un petit bol, préparer la vinaigrette avec l'huile d'olive, le jus de citron, une pincée de sel, le poivre et le piment rouge au goût. Verser la vinaigrette sur la salade et mélanger. Couvrir la salade et laisser reposer 30 min à la température ambiante.

Dresser la salade dans une assiette peu profonde et décorer avec les olives noires, les filets d'anchois et des quartiers d'œufs durs.

Il s'agit d'une salade-repas très populaire en Turquie. Elle est servie la plupart du temps lors des brunchs, des pique-niques ou simplement en accompagnement des poissons ou des viandes grillées.

2,2 lb (1 kg) de pommes de terre nouvelles

½ tasse (125 ml) de persil, haché

½ tasse (125 ml) d'aneth, haché

10 feuilles de menthe, hachées

4-5 échalotes, émincées

1 tomate, épépinée et coupée en dés

½ tasse (125 ml) de poivron vert, épépiné et coupé en dés

15-20 olives noires

5-6 filets d'anchois

2 œufs durs, coupés en quartiers

Vinaigrette

½ tasse (125 ml) d'huile d'olive extra-vierge

Jus d'un citron

Sel de mer

Poivre frais du moulin au goût

Piment rouge turc au goût

Salade de melons, feta et pastirma

Kavun, karpuz, beyaz peynir

Réfrigérer les melons entiers au moins 2 h avant de les couper. Couper les melons en tranches de ⅓ po (1 cm). Couper la feta en tranches triangulaires.

Placer sur un beau plateau en alternant les couleurs des deux melons et de la feta. Ajouter les tranches de *pastırma* et les feuilles de menthe pour décorer.

Servir avec un bon pain croustillant ou des craquelins. C'est un plat joyeux et coloré. L'alternance entre le sucré et le salé est très rafraîchissante. Difficile d'y résister !

1 melon d'eau

1 melon miel

5 ⅓ oz (150 g) de fromage feta double crème

8-10 tranches de *pastırma* (disponible dans les épiceries turques ou moyen-orientales)

4-5 feuilles de menthe

Betteraves braisées aux oignons rouges, à la roquette et à la sauce au yogourt

Yogurtlu pancar salatası

5-6 betteraves avec leurs tiges, lavées et épluchées

4 gousses d'ail

Gros sel de mer

2 c. à soupe (30 ml) d'huile d'olive extra-vierge

1 oignon rouge, émincé

1 poignée de roquette

½ tasse (125 ml) de yogourt à l'ail (voir recette p. 32)

Préchauffer le four à 350 °F (180 °C).

Couper les tiges de betterave en tronçons de 1 po (2,5 cm) et jeter les feuilles. Trancher les betteraves en rondelles d'environ ⅓ po (1 cm) d'épaisseur. Déposer les rondelles de betterave et les tiges sur une plaque allant au four. Écraser légèrement les gousses d'ail tout en gardant la peau et les ajouter aux betteraves. Saler, arroser d'huile d'olive et bien mélanger. Couvrir les légumes d'une feuille de papier aluminium. Cuire au four de 45 à 50 min.

Retirer la plaque du four et laisser refroidir environ 20 min. Éplucher les gousses d'ail cuites pour en faire une purée. Mettre cette purée dans un bol avec le jus de betterave et l'huile d'olive restant au fond de la plaque pour en faire une sauce. Bien mélanger la sauce aux betteraves et à l'oignon.

Placer la roquette sur une assiette, ajouter les rondelles de betterave et garnir avec du yogourt à l'ail et un filet d'huile.

Un indispensable pour l'hiver !

Yogourt à l'ail aux concombres, à la menthe et à l'huile d'olive

Cacık

Mélanger tous les ingrédients dans un bol et rectifier la quantité de sel au goût (attention, le yogourt à l'ail est déjà salé). Réfrigérer jusqu'au moment de servir. Répartir dans de petits bols et arroser d'un filet d'huile d'olive.

Le *cacık* peut être servi avec toutes sortes de repas, particulièrement avec l'aubergine, les fritures, les légumes farcis ou les grillades. Il peut aussi être dégusté comme une soupe froide durant l'été.

2 petits concombres ou 1 concombre anglais, lavés et râpés grossièrement (avec la peau)

10 feuilles de menthe, ciselées finement

2 tasses (500 ml) de yogourt à l'ail (voir recette p. 32)

1 c. à thé (5 ml) de menthe séchée

Sel de mer

½ tasse (125 ml) d'eau froide ou quelques glaçons

1 c. à soupe (15 ml) d'huile d'olive extra-vierge

Salade d'aubergines grillées

Közlenmiş patlıcan salatası

3 petites aubergines

1 tomate entière

1 oignon rouge, coupé en deux

1-2 poivrons verts cubanelle
   (la peau est moins épaisse)
   entiers

1 poivron rouge entier

1 c. à soupe (15 ml) de persil,
   haché

Vinaigrette

2 gousses d'ail, en purée

1 c. à soupe (15 ml) de jus
   de citron

1 c. à soupe (15 ml) de vinaigre
   de vin blanc

½ tasse (125 ml) d'huile d'olive
   extra-vierge

Quelques feuilles de menthe
   fraîche, ciselées

Percer les aubergines à la fourchette ou avec un bâtonnet de bois. En Turquie, on les fait griller entières, on ne les coupe pas avant la cuisson. Sur le barbecue ou sur le gril, faire griller les légumes (aubergines, tomate, oignon et poivrons) sans les éplucher.

Une fois qu'ils sont grillés, mettre les légumes dans un bol, couvrir d'une pellicule plastique et laisser refroidir de 20 à 30 min. Enlever la peau des tomates et des poivrons. Épépiner les poivrons. Prélever la chair des aubergines et couper les légumes en gros cubes.

Pour la vinaigrette, déposer dans un bol l'ail en purée, le jus de citron, le vinaigre et l'huile d'olive, et mélanger avec la menthe fraîche ciselée.

Verser la vinaigrette sur les légumes et parsemer de persil haché.

Haricots verts cuits dans l'huile d'olive avec des tomates fraîches

Taze fasülye

1 lb (450 g) de haricots verts plats (peuvent être remplacés par des haricots réguliers)

2 gousses d'ail, émincées

1 oignon, coupé en petits dés

1 poivron vert, épépiné et coupé en dés

4-5 tomates, coupées en dés

1 c. à thé (5 ml) de sucre

Sel de mer

Poivre du moulin

¼ tasse (60 ml) d'huile d'olive extra-vierge

Laver et égoutter les haricots. Enlever les bouts et couper les haricots en morceaux d'environ ⅔ po (2 cm), en diagonale. Placer les haricots au fond d'une poêle profonde, ajouter l'ail, l'oignon, le poivron vert et couvrir avec les tomates.

Ajouter le sucre, le sel, le poivre et verser l'huile par-dessus tous les ingrédients. Couvrir et cuire à feu moyen de 35 à 40 min. Après la cuisson, mélanger, goûter et rectifier les assaisonnements. Garder couvert à la température ambiante jusqu'au moment de servir.

En Turquie, les *taze fasulye* se retrouvent sur presque chaque table comme une variété de meze ou pour accompagner la viande.

Salade de salicornes

Deniz börülcesi salatası

Rincer les salicornes. Porter l'eau à ébullition et les cuire environ 10 min. Préparer un bol rempli d'eau froide et de glaçons. Sortir les salicornes de l'eau bouillante et les tremper dans l'eau glacée pour arrêter la cuisson. Laisser refroidir et égoutter.

Dans un bol, faire une sauce avec tous les autres ingrédients, sauf la tomate. Ajouter et mélanger délicatement les salicornes à la sauce, placer dans une assiette et garnir avec la tomate en dés, puis verser un filet d'huile d'olive avant de servir.

La salicorne accompagne très bien les poissons grillés ou les fruits de mer. Il s'agit d'une herbe facile à apprêter, rapide à cuire, fraîche et délicieuse.

La salicorne est déjà salée naturellement, il n'est donc pas nécessaire de saler l'eau bouillante ou la salade. Si vous êtes allergique aux noix, enlevez-les simplement de la recette.

½ lb (225 g) de salicornes (disponibles l'été dans les marchés de fruits et légumes)

8 tasses (2 l) d'eau

Sauce

1 c. à soupe (15 ml) de chapelure nature

1 gousse d'ail, en purée

1 c. à soupe (15 ml) de noix, hachées finement

¼ tasse (60 ml) d'huile d'olive extra-vierge

Le jus d'un citron

1 tomate, coupée en dés

Gourganes fraîches aux herbes

Zeytinyağlı taze bakla

1 lb (450 g) de gourganes fraîches entières

5-6 oignons verts, coupés en rondelles

250 ml (1 tasse) d'aneth, haché

¼ tasse (60 ml) d'huile d'olive extra-vierge

1 c. à soupe (15 ml) de pâte de tomate

Sel de mer

1 c. à thé (5 ml) de sucre

¼ tasse (60 ml) d'eau

Jus d'un demi-citron

½ tasse (125 ml) de yogourt à l'ail (voir recette p. 32)

Laver les gourganes, enlever les bouts et couper en tranches d'environ ⅔ po (2 cm), en laissant la peau. Mettre les gourganes dans une casserole avec les oignons verts et l'aneth.

Dans un bol, combiner l'huile d'olive, la pâte de tomate, le sel, le sucre, l'eau et le jus de citron, et verser le tout dans la casserole de gourganes. Couvrir et cuire environ 30 min à feu moyen, puis fermer le feu, mélanger une fois et laisser reposer à couvert 30 min.

Servir tiède, avec 1 c. à soupe de yogourt à l'ail par portion et du bon pain frais pour profiter du jus très savoureux. Accompagnez ces fèves de votre recette préférée de riz ou de boulgour pour en faire un repas de tous les jours.

Cette recette de gourganes aux herbes est rapide, savoureuse et parfaite pour le printemps et l'été! Pour moi, les gourganes sont des messagères du printemps. Aux mois de mai et juin, je commence à chercher des fèves fraîches dans les marchés.

Bettes à carde cuites dans l'huile d'olive, avec tomates fraîches et riz

Zeytinyağlı pazı

1 lb (450 g) de bettes à carde

¼ tasse (60 ml) d'huile d'olive extra-vierge

1 petit oignon, coupé en dés

2 tomates, coupées en dés

1 c. à soupe (15 ml) de riz calrose (ou à grains courts)

1 tasse (250 ml) d'eau

Sel de mer

Poivre du moulin

Piment rouge turc

Yogourt à l'ail (voir recette p. 32)

Laver les bettes à carde à l'eau froide. Couper les racines et les jeter. Couper les feuilles en tranches d'environ 2 po (5 cm).

Verser l'huile dans une poêle et faire sauter l'oignon sans le colorer. Ajouter les tomates, le riz et l'eau. Lorsque l'eau bout, incorporer les bettes. Assaisonner au goût avec le sel, le poivre et le piment rouge. Couvrir et cuire 20 min à feu moyen.

Laisser reposer environ 30 min et servir à la température ambiante. Il ne faut pas oublier d'accompagner le *zeytinyagli pazı* de yogourt à l'ail et de pain chaud.

Cette méthode de cuisson pour différents légumes est très commune en Turquie. Vous pouvez l'appliquer sans hésitation aux épinards, aux poireaux, aux carottes, au céleri-rave, etc.

Sandwich de tranches d'aubergine au fromage ricotta

Peynirli patlıcan kızartması

Préchauffer le four à 350 °F (180 °C).

Tremper les tranches d'aubergine dans l'eau salée environ 20 min. Ensuite, les rincer et les éponger délicatement.

Chauffer la friteuse à 350 °F (180 °C) ou remplir un poêlon profond d'huile à moitié. Préparer une plaque à biscuits avec quelques couches de papier absorbant. Frire les tranches d'aubergine, quelques-unes à la fois pour ne pas refroidir l'huile. Déposer sur le papier absorbant pour égoutter et réserver.

Dans un bol, mélanger l'oignon émincé, la ricotta, le persil haché, le piment rouge, le poivre et un blanc d'œuf.

Quand les tranches d'aubergine ont refroidi, les placer en une seule couche sur une plaque profonde de 2 po (5 cm) allant au four.

Déposer une cuillerée de mélange de ricotta sur chaque tranche d'aubergine et couvrir avec une deuxième tranche. Continuer ainsi avec toutes les tranches.

Dans un autre bol, battre un œuf et un jaune d'œuf, la farine et le lait avec une pincée de sel. Étaler ce mélange sur les sandwichs à l'aide d'une cuillère et saupoudrer de kasserie râpé.

Chauffer et gratiner jusqu'à ce que le fromage soit doré. Servir chaud, avec du bon pain, bien sûr ! Vous pouvez préparer le tout à l'avance, réfrigérer et cuire quand vos invités arrivent.

2 aubergines, lavées et coupées en rondelles de ⅓ po (1 cm)

Huile de canola (pour frire)

Farce

½ oignon, émincé

7 oz (200 g) de ricotta

½ tasse (125 ml) de persil, grossièrement haché

1 c. à thé (5 ml) de piment rouge turc

Poivre du moulin

2 œufs

1 c. à soupe (15 ml) de farine

1 tasse (250 ml) de lait

Sel de mer

2 c. à soupe (30 ml) de fromage kasserie, râpé

Mmmmm ! C'est tout ce que je peux dire de plus !

Friture de légumes assortis

Karışık sebze kızartması

1 petite aubergine

1 courgette

1 pomme de terre

1-2 poivrons verts (cubanelle ou hongrois)

1 tomate

Sel de mer

1 tasse (250 ml) de lait

½ tasse (125 ml) d'huile de canola (pour frire)

1 c. à soupe (15 ml) d'huile d'olive extra-vierge

1 gousse d'ail, émincée

½ tasse (125 ml) de yogourt à l'ail (voir recette p. 32, facultatif)

Laver tous les légumes et les essuyer, puis les couper en rondelles. Tremper les tranches d'aubergine dans l'eau salée et les rondelles de courgette dans le lait environ 20 min. Le lait permet d'éviter que la courgette absorbe trop d'huile. Ensuite, rincer et éponger délicatement les légumes avant de les frire.

Verser l'huile de canola dans un poêlon et chauffer à feu vif 2 min. Frire d'abord la pomme de terre, qui prend plus de temps à cuire, puis la courgette et l'aubergine. Égoutter les légumes frits sur du papier absorbant et les déposer dans une assiette sans les mélanger.

Dans une poêle, chauffer l'huile d'olive, ajouter l'ail et les rondelles de tomate, saler et couvrir. Cuire de 2 à 3 min et étaler le mélange de tomate sur les légumes frits. Servir avec du yogourt à l'ail au goût.

Les légumes frits sont, pour moi, les messagers de l'été. Ils sont faciles à préparer à l'avance, car on les sert tièdes. Il s'agit d'une bonne manière de manger des légumes ou d'en faire manger. Frire les légumes est une façon très commune de les consommer en Turquie, et ce, pour toutes les saisons et toutes les régions. Durant l'hiver, la variété de légumes à frire peut varier : chou-fleur, carotte, pomme de terre, etc., et pour l'été : aubergine, courgette et poivron vert. En tout temps, les boulettes d'agneau peuvent enrichir ce repas et permettent d'y ajouter un peu de protéines.

Fond d'artichaut farci de gourganes et cuit lentement dans l'huile d'olive

Zeytinyağlı enginar

Dans un grand bol, mélanger 2 tasses d'eau, une pincée de sel de mer, la farine et du jus de citron. Couper la tige des artichauts, enlever les feuilles et vider le centre avec une cuillère. Mettre les fonds d'artichauts rapidement dans le mélange d'eau afin d'empêcher l'oxydation. Pour gagner du temps, vous pouvez toujours acheter des fonds d'artichaut en conserve ou congelés, mais j'opte pour les congelés puisqu'il est difficile de connaître la quantité de sel et le niveau d'acidité des artichauts en conserve.

Pour la farce, chauffer l'huile dans une casserole, faire sauter l'oignon, ajouter la carotte et l'eau. Incorporer les gourganes, le sel et le sucre, couvrir et cuire de 20 à 25 min. Laisser refroidir et ajouter l'aneth.

Une fois la farce refroidie, garnir les artichauts du mélange de gourganes, les déposer dans une casserole, ajouter ½ tasse d'eau et cuire 15 min. Laisser reposer 30 min. Servir tiède ou froid, au goût.

Une très bonne façon de manger les artichauts ; ils sont doux, légers et savoureux. Un classique de la Turquie que l'on sert toujours lorsqu'on reçoit des proches pendant la saison des artichauts, de la mi-mars à la fin de juin. Au Québec, les artichauts frais sont disponibles vers la fin de l'été.

3 tasses (750 ml) d'eau

Sel de mer

1 c. à thé (5 ml) de farine

Le jus d'un demi-citron

4 gros artichauts

¼ tasse (60 ml) d'huile d'olive extra-vierge

Farce

¼ tasse (60 ml) d'huile d'olive extra-vierge

1 petit oignon, coupé en dés

1 carotte, coupée en dés

½ tasse (125 ml) d'eau

2 tasses (500 ml) de gourganes en grains (on peut en trouver congelées)

1 c. à thé (5 ml) de sel de mer

1 c. à thé (5 ml) de sucre

½ tasse (125 ml) d'aneth, haché

Beignets de courgettes et d'herbes

Mücver

2 courgettes vertes (zucchini), râpées grossièrement

1 petit oignon, râpé grossièrement

1 ¼ oz (50 g) de fromage blanc (feta, par exemple)

2 oignons verts, hachés

125 ml (½ tasse) d'aneth, haché

125 ml (½ tasse) de persil, haché

10-12 feuilles de menthe, hachées

1 œuf (préférablement biologique)

1 tasse (250 ml) de farine non blanchie

1 tasse (250 ml) d'eau froide

Sel de mer

Poivre du moulin

125 ml (½ tasse) d'huile de canola (pour frire)

Dans un grand bol, combiner tous les ingrédients. Saler et poivrer. Vous pouvez préparer le mélange à l'avance et le garder réfrigéré jusqu'à 2 jours, il faut seulement bien le mélanger avant de l'utiliser et en cuire une petite quantité à la fois.

Pour la cuisson, chauffer un poêlon à feu moyen avec ⅓ po (1 cm) d'huile de canola au fond. Déposer le mélange de légumes dans l'huile par cuillerées et l'étendre comme si c'était une crêpe. Cuire environ 2 min chaque côté et retourner le beignet à l'aide d'une spatule. S'assurer de cuire le beignet jusqu'au milieu.

Si vous avez besoin de plus d'huile, l'ajouter quand il n'y a pas de pâte dans le poêlon. Laisser reposer les beignets sur une plaque couverte de papier absorbant.

Le *mücver* est un lunch très populaire en Turquie ; il accompagne bien le thé de 5 heures et est un souper rapide avec le *cacık* (p. 67) ou bien avec la *çoban salata* (p. 60). Et, bien sûr, il fait partie des buffets de meze.

Aubergines farcies aux oignons, à l'ail et aux tomates fraîches

İmam bayıldı

4 petites aubergines italiennes

Sel de mer

Huile de canola (pour frire)

¼ tasse (60 ml) d'huile d'olive
  extra-vierge

1 oignon moyen, coupé en dés

4-5 gousses d'ail entières

3-4 tomates bien mûres et
  rouges, coupées en dés

1 poivron vert cubanelle,
  épépiné et coupé en
  rondelles

Poivre du moulin

Peler quelques lanières de peau de chaque aubergine (environ 3) sur le même côté. Faire une incision dans le sens de la longueur sur chaque aubergine pour pouvoir les farcir après la cuisson. Laisser tremper les aubergines dans de l'eau froide salée environ 30 min, puis les essuyer.

Dans un poêlon profond de 2 po (5 cm) ou dans une friteuse, faire chauffer l'huile de canola puis y déposer les aubergines. Cuire de tous les côtés jusqu'à ce qu'elles aient ramolli et qu'elles soient dorées. Réserver sur une feuille de papier absorbant pour enlever l'excédent d'huile.

Dans un poêlon, chauffer l'huile d'olive et faire sauter l'oignon, puis les gousses d'ail, les tomates et le poivron. Saler et poivrer. Faire mijoter de 5 à 10 min.

Ouvrir les aubergines et les farcir du mélange de légumes mijotés.

Accompagner de *cacık* (p. 67) et de bon pain chaud.

Feuilles de vigne farcies au riz, aux pignons et aux raisins de Corinthe

Zeytinyağlı yaprak sarması

9 tasses (2,25 l) d'eau

1 lb (450 g) de feuilles de vigne
en saumure (en pot)

¼ tasse (60 ml) d'huile d'olive
extra-vierge

1 c. à soupe (15 ml) de pignons

2 oignons, finement hachés

1 tasse (250 ml) de riz

1 c. à soupe (15 ml) de raisins
de Corinthe

Sel de mer

½ c. à thé (2,5 ml) de piment
de la Jamaïque, fraîchement
moulu

1 ½ c. à soupe (22,5 ml)
de menthe séchée

1 c. à thé (5 ml) de sucre

1 c. à soupe (15 ml) de jus
de citron

Quartiers de citron
(pour servir)

Faire bouillir de l'eau dans une marmite. Retirer les feuilles de vigne de la saumure, les laver et les séparer en paquets de 10. Déposer chaque paquet de feuilles dans l'eau bouillante pendant 10 min et les placer ensuite dans un tamis pour égoutter l'excès d'eau.

Pour faire la farce, chauffer l'huile d'olive dans une casserole, faire sauter les pignons jusqu'à ce qu'ils soient dorés, ajouter les oignons et cuire 2 min en mélangeant bien. Incorporer le riz, sauter 2-3 min, puis ajouter les raisins de Corinthe et ¼ de tasse d'eau. Saler, baisser le feu, couvrir et cuire environ 2 min ou jusqu'à ce qu'il n'y ait plus d'eau. Ajouter le piment de la Jamaïque, la menthe et le sucre. Bien mélanger la farce, couvrir et laisser refroidir.

Pour monter le tout, séparer et étaler les feuilles une par une sur une planche. S'assurer de placer la base de la feuille (là où la tige était) près de soi. Déposer ½ c. à thé de farce à la base de chaque feuille et l'étaler à l'horizontale, en laissant environ ⅓ po (1 cm) à chaque extrémité. Ramener les extrémités vers le centre et bien recouvrir la farce en roulant la feuille jusqu'à l'autre bout, en serrant bien avec les doigts. Rouler toutes les feuilles de la même manière. Ça prend un peu de patience, mais le résultat final est très bon.

Pour les cuire, placer les feuilles de vigne farcies dans un poêlon. Saupoudrer d'une pincée de sel, d'une pincée de sucre, d'un filet d'huile d'olive, de 1 c. à soupe de jus de citron, et ajouter 1 tasse d'eau. Couvrir les feuilles de vigne farcies avec une assiette plate qui remplit bien la surface entière du poêlon afin qu'elles ne s'ouvrent pas pendant la cuisson. Cuire à feu moyen environ 20 min. Après la cuisson, laisser refroidir à la température ambiante sans enlever l'assiette. Placer les feuilles farcies sur une assiette et servir avec des quartiers de citron. Attention, c'est long à préparer, mais ça ne prend même pas deux minutes à manger !

Il existe plusieurs versions des feuilles de vigne farcies en Turquie. Cette recette est la plus élégante et la plus originale, c'est pour cela que je l'ai choisie pour ce livre.

Salade de boulgour

Kısır

Porter l'eau à ébullition. Étaler le boulgour sur une plaque à biscuits d'environ 8 × 12 po (20 × 30 cm) et de 1 à 1 ½ po (3 à 4 cm) de profondeur. Verser l'eau bouillante sur le boulgour et couvrir avec une pellicule plastique. Faire gonfler le boulgour pendant 20 min. Quand le boulgour est gonflé et qu'il ne reste plus d'eau dans la plaque, ajouter l'huile d'olive et la pâte de tomate en incorporant délicatement le tout avec les doigts dans un bol. Ajouter les herbes et tous les autres ingrédients, mélanger et saler au goût.

2 tasses (500 ml) d'eau

1 tasse (250 ml) de boulgour fin (#1)

¼ tasse (60 ml) d'huile d'olive extra-vierge

1 c. à soupe (15 ml) de pâte de tomate

½ tasse (125 ml) de persil, haché

5-6 feuilles de menthe, hachées

1 tomate, coupée en très petits dés

1 petit concombre, coupé en très petits dés

2-3 oignons verts, émincés

1 c. à thé (5 ml) de piment rouge turc (ou remplacer par du piment d'Espelette)

1 c. à soupe (15 ml) de noix, hachées grossièrement (facultatif)

1 c. à soupe (15 ml) de grains de grenade (facultatif)

Le jus d'un citron, fraîchement pressé

Sel de mer

PAINS ET BÖREKS

Ekmek ve börekler

En Turquie, les pains et les *böreks* sont essentiels pour les repas ou pour grignoter. On trempe le pain dans le jus des salades ou des légumes, ou on le tartine avec des meze. On croque les *böreks* chauds ou tièdes.

Pain campagnard de la mer Égée

Köy ekmeği

Levain

½ tasse (125 ml) de pois chiches secs

2 c. à soupe (30 ml) de sucre

5 c. à soupe (75 ml) de farine non blanchie

1 tasse (250 ml) d'eau tiède

Pâte

3 tasses (750 ml) d'eau

4-5 feuilles de laurier

2 ½ tasses (625 ml) de farine de blé entier

4 tasses (1 l) de farine non blanchie

2 c. à soupe (30 ml) de sel de mer

1 jaune d'œuf

Graines de sésame et de nigelle (pour décorer)

Huile d'olive extra-vierge (pour badigeonner après la cuisson)

Pour le levain, à l'aide d'un moulin à café, moudre la moitié des pois chiches et verser dans un bol. Ajouter le reste des pois chiches entiers, le sucre, la farine et l'eau tiède. Mélanger, bien couvrir avec une pellicule plastique et déposer dans le four à environ 100 °F (38 °C), avec la lumière allumée. Laisser gonfler toute la nuit.

Pour faire la pâte, infuser 3 tasses d'eau bouillante avec les feuilles de laurier pendant 10 min. Laisser refroidir. Une fois refroidi, jeter les feuilles de laurier et réserver l'eau. Dans un bol, mélanger la farine de blé entier avec la farine non blanchie et faire un puits. Ajouter le sel, le levain et l'eau infusée, et mélanger avec les mains. La pâte devrait être collante.

Graisser un moule à gâteau de 9 po (22,5 cm) de diamètre et y verser la pâte. Couvrir avec une pellicule plastique et laisser gonfler à nouveau la pâte environ 2 h dans le four à 100 °F (38 °C), avec la lumière allumée.

Quand la pâte a doublé de volume, mélanger le jaune d'œuf à 1 c. à soupe d'eau et, avec un pinceau, en badigeonner la pâte. Saupoudrer avec les graines de sésame et de nigelle. Placer un bol d'eau bouillante au fond du four préchauffé à 375 °F (190 °C) et cuire le pain sur la grille du centre pendant environ

40 min ou jusqu'à ce que la croûte soit dorée. Sortir le pain du four, le démouler, le couvrir avec un linge propre et le laisser reposer 10 min. Enlever le linge, badigeonner avec l'huile d'olive et servir. Ce pain a un arôme vraiment unique et il peut se conserver quelques jours.

Cette recette me vient des femmes du petit village où je suis née et où j'ai grandi. Quand j'étais petite et que l'on jouait dans la rue avec les amis, on devinait quelle voisine cuisinait ce pain grâce à la fragrance qui parfumait l'air. Les voisines nous offraient toujours un morceau de ce pain chaud. Malheureusement, avec la vie moderne, cette tradition n'existe plus, même dans mon petit village. Mais moi, j'aime cuisiner ce pain de temps en temps et l'offrir à mes amis pour partager le goût de mon enfance.

Pâtes farcies aux épinards, à la ricotta et aux herbes

Gözleme

1 paquet de pâtes turques
(en forme de carrés dans
un emballage sous vide,
disponible dans les épiceries moyen-orientales ; ou
remplacer par des grandes
tortillas minces)

Farce

1 bouquet de feuilles d'épinard,
lavées et hachées
grossièrement

7 oz (200 g) de ricotta en bloc

10-12 feuilles de menthe,
hachées

½ tasse (125 ml) de persil, haché

½ tasse (125 ml) d'aneth, haché

1 pincée de piment rouge turc

Sel de mer

Sauce

½ tasse (125 ml) de lait

1 œuf

½ tasse (125 ml) d'huile d'olive
extra-vierge

Dans un bol, combiner tous les ingrédients de la farce et, dans un autre bol, mélanger les ingrédients de la sauce.

Ouvrir délicatement le paquet de pâtes sans les déchirer. Séparer les pâtes et les couvrir d'un linge humide. Travailler une pâte à la fois.

Étaler de 2 à 3 c. à soupe de sauce sur la pâte à l'aide d'un pinceau. Plier le haut et le bas de la pâte vers le centre. Étaler encore 1 c. à soupe de sauce. Diviser la farce en fonction du nombre de pâtes (3 ou 4, selon le paquet) et la déposer au centre de chaque pâte badigeonnée en la façonnant en carré. Plier ensuite les extrémités gauche et droite vers le milieu, comme une enveloppe. Faire pression sur tous les côtés pour bien sceller.

Si vous utilisez des tortillas, étaler la sauce et mettre la farce sur une moitié, en laissant ⅓ po (1 cm) libre à l'extrémité. Couvrir avec l'autre moitié de tortilla pour avoir une forme de demi-lune, et bien coller le tout.

Répéter l'opération avec les autres pâtes et les réserver sous un linge humide. Pour cuire les pâtes, chauffer 1 c. à soupe d'huile d'olive dans une poêle en téflon assez profonde, à feu moyen. Cuire les pâtes farcies, une à la fois, de 4 à 5 min, en vérifiant à l'aide d'une spatule si le dessous est doré. Une fois la pâte dorée, retourner délicatement et cuire de l'autre côté.

Servir chaud, accompagné de yogourt nature ou de *çoban salata* (p. 60). Le résultat en vaut absolument l'effort !

Pain au maïs

Mısır ekmeği

Préchauffer le four à 350 °F (180 °C).

Dans un grand bol, combiner les ingrédients secs : les farines, le sel, le sucre et le bicarbonate de soude. Dans un autre bol, fouetter légèrement les œufs, l'huile, le yogourt et le lait. Incorporer le mélange sec au mélange humide. Mélanger. Une fois que la pâte est homogène, ajouter les grains de maïs. La pâte doit être très molle et ressembler à une pâte à gâteau.

Graisser et enfariner un moule à gâteau de 9 × 13 po (23 × 33 cm) et de 2 po (5 cm) de profondeur. Verser la pâte et l'égaliser à l'aide d'une spatule.

Cuire au four environ 40 min. Laisser refroidir et couper en petits cubes de 2 po (5 cm).

En Turquie, le pain de maïs se marie avec les sardines, les anchois ou d'autres petits poissons frits. Personnellement, je le trouve très bon avec les meze, les salades, pour le petit-déjeuner ou pour grignoter tel quel. Vous pouvez le servir avec une *çoban salata* (p. 60) ou une *kaşık salata* (p. 58), des tranches de votre fromage préféré ou en accompagnement de meze comme le *kırmızı biberli ezme*, le *beyaz peynir ezme*, le *hamsi pilâki*, etc. Les combinaisons sont infinies : créez les vôtres !

- 3 tasses (750 ml) de farine de maïs
- ½ tasse (125 ml) de farine non blanchie (préférablement biologique)
- 1 c. à soupe (15 ml) de sel de mer
- 1 c. à thé (5 ml) de sucre
- 1 c. à thé (5 ml) de bicarbonate de soude
- 3 œufs (préférablement biologiques)
- ½ tasse (125 ml) d'huile d'olive extra-vierge
- 1 tasse (250 ml) de yogourt nature à 3,25 % de m.g.
- 1 tasse (250 ml) de lait (préférablement biologique)
- 1 tasse (250 ml) de grains de maïs frais (si le maïs est en conserve, rincer et égoutter les grains)

Pita à la turque

Pide ekmeği

Dans une grande tasse, mélanger la levure avec le sucre et ½ tasse d'eau tiède. Laisser le mélange gonfler dans le four avec la lumière allumée de 5 à 10 min.

Dans un grand bol, faire la pâte en combinant la farine, le sel et le mélange de levure. Couvrir avec une pellicule plastique et laisser gonfler environ 1 h au four avec la lumière allumée. Une fois que la pâte a doublé de volume, la déposer sur une surface de travail enfarinée. Couper la pâte en morceaux égaux. Aplatir et façonner chaque morceau en cercle. Avec le bout des doigts, faire de petits creux dans la pâte. Laisser reposer 20 min. Battre légèrement les jaunes d'œuf avec le lait et badigeonner à l'aide d'un pinceau sur chaque pita. Saupoudrer de graines de sésame et de nigelle.

Préchauffer le four à 450 °F (230 °C). Placer les pitas sur une pierre à pizza ou sur une plaque à biscuits et les cuire, un à la fois, de 10 à 15 min ou jusqu'à ce que le dessus soit bien doré. À la sortie du four, placer les pitas sur un linge propre et couvrir pour 10 min. Servir chaud pour un meilleur résultat.

Levain

- 1 c. à soupe (15 ml) de levure sèche
- 1 c. à thé (5 ml) de sucre
- 1 ¾ tasse (430 ml) d'eau tiède

Pâte

- 4 tasses (1 l) de farine non blanchie
- 2 c. à thé (10 ml) de sel de mer
- 2 jaunes d'œuf
- 2 c. à soupe (30 ml) de lait
- Graines de sésame et de nigelle (pour décorer)

Le pita chaud peut se manger simplement avec de l'huile d'olive extra-vierge, du fromage blanc crémeux et des noix grillées, mais il se sert avec tout, particulièrement avec les meze.

Pâte feuilletée farcie à l'agneau et aux légumes

Talaş böreği

1 petit oignon, haché

1 lb (454 g) d'épaule d'agneau maigre, en cubes (si vous n'aimez pas l'agneau, remplacer par du veau)

2 tomates, épépinées et coupées en dés

1 carotte, coupée en dés

1 c. à thé (5 ml) de sucre

Sel de mer, poivre du moulin

1 tasse (250 ml) de pois verts

1 paquet (454 g) de pâte feuilletée fraîche (ou décongelée)

1 c. à thé (5 ml) de lait

1 jaune d'œuf

½ tasse (125 ml) de persil, haché

¼ tasse (60 ml) d'huile d'olive extra-vierge

Dans un poêlon, faire revenir l'oignon et ajouter les cubes d'agneau. Cuire de 4 à 5 min et incorporer les tomates, la carotte et le sucre. Saler et poivrer. Couvrir et faire mijoter de 40 à 45 min. Quand l'agneau est tendre, ajouter les pois et cuire 10 min de plus. Laisser refroidir.

Couper la pâte feuilletée en carrés de 4 × 4 po (10 × 10 cm) sur une surface de travail idéalement froide.

Placer 1 c. à soupe du mélange de viande au centre de chaque carré de pâte et ramener tous les coins vers le centre, comme une enveloppe. Bien coller les côtés avec les doigts. Déposer chaque pâte farcie sur une plaque à pâtisserie, le côté collé en dessous.

Préchauffer le four à 350 °F (180 °C). Dans un bol, fouetter le lait et le jaune d'œuf. Badigeonner ce mélange sur les pâtes et les cuire au four 35 min ou jusqu'à ce qu'elles gonflent et soient dorées.

Servir chaud avec le reste du mélange de viande comme repas ou tiède avec vos buffets de meze.

Börek est le nom utilisé pour toutes sortes de pâtisseries salées en Turquie. La plupart du temps, elles sont farcies ou roulées au fromage, à la viande, aux légumes et aux herbes, cuites au four, poêlées ou frites. Les *börek* sont essentiels à la cuisine de tous les jours pour les Turcs : en route vers le travail ou l'école, on s'arrête dans une maison de *börek* et on déjeune. Parfois on en mange lors d'un dîner sur le pouce, ou juste pour grignoter à n'importe quel moment du jour. D'autres fois, on soupe avec les *börek* en ajoutant une bonne salade, du yogourt ou du *ayran* (boisson au yogourt).

Rouleaux de pâte farcis au fromage kasserie et au pastirma

Pastırmalı sigara böreği

5 oz (140 g) de fromage kasserie ou cheddar vieilli, coupé en petits cubes

10 tranches de *pastırma* (viande séchée aux épices), coupé en petits morceaux

1 tomate, épépinée et coupée en très petits dés

1 œuf, séparé

1 pincée de poivre, fraîchement moulu

1 paquet de pâte filo turque de forme triangulaire (disponible dans les épiceries moyen-orientales)

1 tasse (250 ml) d'huile de canola (pour frire)

Dans un bol, combiner le fromage, le *pastırma*, la tomate, le jaune d'œuf et le poivre. Dans un petit bol, battre le blanc d'œuf légèrement et réserver.

Déposer les pâtes, le côté large vers soi, et couvrir d'un linge humide. Mélanger le blanc d'œuf avec une goutte d'eau.

Mettre 1 c. à soupe du mélange de fromage sur la base du triangle et l'étendre avec les doigts jusqu'aux extrémités. Replier les deux extrémités vers le centre de la pâte et commencer à rouler de manière assez serrée vers la pointe du triangle pour en faire un rouleau. À l'aide d'un pinceau, badigeonner le blanc d'œuf sur la pointe du triangle pour bien coller la pâte. Répéter avec toutes les pâtes.

Chauffer l'huile dans une poêle et ajouter les *sigara* un à un, pour les frire d'un côté puis de l'autre. Retirer de la poêle et égoutter sur du papier absorbant. Servir chaud.

Vous pouvez préparer les rouleaux de pâte farcis à l'avance (sans les cuire) et les garder réfrigérés jusqu'à 2 jours.

Un classique de *Su* ! Dans les cinq dernières années, on en a servi plus de 25 000 au restaurant. Une excellente collation et un très bon meze pour impressionner les invités !

VIANDES, POISSONS ET FRUITS DE MER

Etler, balıklar ve deniz ürünleri

Les viandes, les poissons et les fruits de mer sont utilisés dans une très grande variété de recettes de meze chauds ou froids : grillades, boulettes, brochettes, abats sautés...

Salade de langue de veau

Dana dili söğüş

1 langue de veau

Bouillon

1 oignon, coupé grossièrement

1 carotte, coupée grossièrement

1 branche de céleri, coupée
    grossièrement

1-2 feuilles de laurier

5-6 grains de poivre noir

Salade

1 botte de persil, haché

1 botte d'aneth, haché

5-6 oignons verts

1 c. à soupe (15 ml) de sel de mer

Sauce

1 c. à thé (5 ml) de mayonnaise

2 c. à soupe (30 ml) d'huile d'olive

2 c. à soupe (30 ml) de jus
    de citron

2 c. à soupe (30 ml) d'eau

1 pincée de graines de moutarde,
    fraîchement moulues

1 pincée de piment rouge turc

Mélanger tous les ingrédients de la sauce. Réserver.

Mettre tous les ingrédients du bouillon dans une grande casserole remplie aux deux tiers d'eau froide et ajouter la langue de veau. Bien refermer le couvercle et cuire environ 1 h 30. Découvrir, laisser refroidir 30 min et retirer la langue de la casserole.

Enlever la peau de la langue de veau au couteau. Faire des tranches minces avec un couteau bien aiguisé.

Mélanger les ingrédients de la salade et servir avec les tranches de langue de veau. Arroser de la sauce.

Accompagner de tranches de tomates et de pita.

Pilâki d'anchois frais aux légumes

Hamsi pilâki

½ lb (225 g) d'anchois frais,
préférablement nettoyés
(peuvent être remplacés
par des éperlans)

Sel de mer

1 échalote, tranchée

1 gousse d'ail, tranchée

1 poivron vert cubanelle, tranché

1 citron, tranché et épépiné

1 tomate, tranchée

Le jus d'un demi-citron

2 c. à soupe (30 ml) d'huile
d'olive extra-vierge

10-12 feuilles de persil,
grossièrement hachées

Si vous ne trouvez pas d'anchois nettoyés, achetez-les quand même et prenez le temps de les nettoyer. Ça vaut la peine de le faire : ils sont tellement goûteux et bons pour la santé !

Pour vider les anchois, faire une incision du ventre jusqu'à la tête avec un petit couteau et enlever l'intérieur avec vos doigts. L'anchois est un poisson très petit et très fragile, il faut donc faire bien attention à ne pas l'écraser pendant le nettoyage. Laver les poissons et les sécher avec du papier absorbant, puis les saler.

Préchauffer le four à 350 °F (180 °C). Déposer les poissons dans un plat de 8 × 12 po (20 × 30 cm) allant au four, en une seule couche. Les couvrir avec les tranches d'échalote, l'ail, le poivron, le citron et la tomate. Saler au goût, arroser de jus de citron et d'un filet d'huile d'olive. Cuire au four de 20 à 30 min. Saupoudrer de persil au moment de servir.

Servir à la température ambiante avec une salade et du pain frais pour un repas léger et très nutritif, ou parmi une variété de meze lors de vos partys.

Salade de pieuvre

Ahtapot Saltası

1 à 1,5 lb (450 à 750 g)
de pieuvre entière,
décongelée (disponible
congelée en poissonnerie)

½ tasse (125 ml) de vinaigre
de vin blanc

4 tasses (1 l) d'eau

Salade

4 oignons verts, nettoyés
et coupés en rondelles

1 poivron vert cubanelle, nettoyé
et coupé en rondelles

1 bouquet de persil,
grossièrement haché

Jus d'un citron

¼ tasse (60 ml) d'huile d'olive
extra-vierge

Sel de mer

2 tomates, coupées en cubes

Déposer la pieuvre avec le vinaigre et l'eau dans un autocuiseur et cuire pendant 35 min, ou cuire 2 h dans une casserole normale à feu modéré.

Une fois cuite, laisser la pieuvre refroidir dans son jus. Ensuite, l'égoutter et la couper en rondelles diagonales.

Ajouter tous les ingrédients de la salade, à l'exception des tomates, et laisser reposer pour un minimum de 30 min au frigo. Environ 10 min avant de servir, ajouter les tomates.

La salade de pieuvre est un *must* au *meyhane* (voir p. 122) en Turquie, et elle ajoute un goût distinctif de mer à la table de meze.

Meze au poulet et aux noix de Grenoble

Çerkez tavuğu

Dans un grand chaudron rempli d'eau, déposer le poulet avec les branches de céleri, la carotte et l'oignon. Porter à ébullition, baisser le feu et faire mijoter durant 30 min. Laisser le poulet refroidir dans son bouillon, puis le retirer du chaudron et le déchiqueter à la main. Réserver. Filtrer le bouillon à l'étamine et jeter les légumes.

Dans un grand bol, combiner la chapelure, le bouillon, l'huile de noix, le piment, le sel, les noix et l'ail. Une fois que la sauce est bien homogène, ajouter les morceaux de poulet et mélanger délicatement. Goûter et rectifier l'assaisonnement au goût.

Verser un filet d'huile de noix de Grenoble.

Inspirez-vous de cette recette pour transformer un sandwich ordinaire en un délicieux sandwich dans une baguette fraîche avec des tranches de tomate et de concombre. Ce meze peut également enrichir votre salade verte préférée : ajoutez-en une bonne cuillerée sur le dessus.

1 lb (450 g) de poitrine de poulet désossée et sans la peau

2 branches de céleri, coupées en dés

1 petite carotte, coupée en dés

1 petit oignon, coupé en dés

¼ tasse (60 ml) de chapelure nature

2 c. à soupe (30 ml) d'huile de noix

2 c. à thé (10 ml) de piment rouge turc

Sel de mer

½ tasse (125 ml) de noix de Grenoble, hachées grossièrement

1 c. à thé (5 ml) d'ail, haché

1 c. à soupe (15 ml) d'huile de noix de Grenoble

Bar noir poché avec une sauce aux amandes

Badem taratorlu levrek

Laver et essuyer les filets de poisson. S'assurer qu'il ne reste aucune arête.

Préparer le bouillon dans une marmite en y mettant tous les ingrédients. Laisser mijoter environ 30 min. Laisser refroidir à couvert, puis passer le bouillon au tamis. Si vous ne l'utilisez pas tout de suite, le mettre dans un contenant hermétique au réfrigérateur.

Pour la sauce, passer les amandes, les morceaux de pain et l'eau au robot pour en faire une purée. Verser la purée dans un bol, saler puis ajouter l'ail et le jus de citron, au goût. La sauce doit être crémeuse ; si vous trouvez qu'elle est trop épaisse, ajouter quelques cuillerées d'eau ou de bouillon.

Remettre le bouillon dans la marmite et porter à ébullition. Pocher les filets de poisson environ 5 min à feu doux. Retirer du feu et laisser refroidir le poisson dans le bouillon.

Déposer le poisson dans une assiette, arroser de la sauce et garnir d'aneth et de quartiers de citron.

L'intérêt de cette recette est la possibilité de la préparer à l'avance. Le bouillon pour pocher le poisson ainsi que la sauce peuvent se garder au réfrigérateur de 2 à 3 jours. On la sert à la température ambiante ; vous pouvez donc la préparer avant l'arrivée de vos invités.

4 filets de bar noir de 6 ⅓ oz (180 g) chacun (ou des filets de truite)

Bouillon

1 oignon, coupé en dés

1 carotte, coupée en dés

1 branche de céleri, hachée

1-2 feuilles de laurier

4-5 tiges de persil

4-5 grains de poivre noir

1 c. à soupe (15 ml) de sel

4 tasses (1 l) d'eau

Sauce

1 tasse (250 ml) d'amandes blanchies

2 tranches de baguette, sans la croûte

1 tasse (250 ml) d'eau

Sel de mer au goût

1 gousse d'ail, hachée (facultatif)

Jus d'un demi-citron

Aneth, haché (pour décorer)

1 citron, en quartiers (pour décorer)

CALMARS FARCIS AU RIZ PARFUMÉ ET AUX HERBES

Kalamar dolması

10 tubes de calmar (préférable-ment des bébés calmars) avec leurs tentacules

1 oignon, haché

¼ tasse (60 ml) d'huile d'olive extra-vierge

⅓ tasse (80 ml) de riz arborio

2 tomates, coupées en dés

¼ tasse (60 ml) de persil, haché

1 poignée de feuilles de fenouil, hachées

2 oignons verts, hachés

½ c. à thé (2,5 ml) de piment de la Jamaïque, fraîchement moulu

Sel de mer, poivre du moulin

1 c. à thé (5 ml) de sucre

2/3 tasse (160 ml) d'eau

Bien nettoyer l'intérieur des tubes de calmar et les tentacules.

Faire revenir l'oignon dans un poêlon avec la moitié de la quantité d'huile, puis ajouter le riz et les tomates. Cuire de 2 à 3 min. Incorporer les herbes, les oignons verts et le piment de la Jamaïque. Saler et poivrer. Couvrir et cuire 5 min de plus. Laisser refroidir.

Remplir les tubes de calmar de la farce froide aux trois quarts, puisqu'ils vont rapetisser pendant la cuisson. Fermer l'ouverture des calmars avec leurs tentacules et attacher le tout avec un cure-dent. Placer les calmars farcis dans une marmite. Ajouter l'huile d'olive restante, le sucre et ⅔ de tasse d'eau. Cuire à feu modéré de 20 à 25 min. Laisser reposer.

Enlever les cure-dents et placer les calmars dans une assiette. Servir avec une salade verte.

Vos invités seront impressionnés tant par la fragrance que par le goût de ces calmars. Et puisqu'on peut les servir tièdes, il s'agit d'un excellent choix de meze pour les partys.

BROCHETTES D'AGNEAU MINIATURES

Çöp şiş

2,2 lb (1 kg) de gigot d'agneau, désossé

1 c. à thé (5 ml) d'origan séché

½ c. à thé (2,5 ml) de piment rouge turc

2 c. à soupe (30 ml) d'huile d'olive extra-vierge

Sel de mer

Poivre du moulin

1 ¾ oz (50 g) de gras d'agneau (vous pouvez récupérer le gras du gigot ou en demander à votre boucher)

12-15 brochettes de bois, trempées dans l'eau 30 min

Avec un bon couteau bien aiguisé, couper l'agneau en cubes de ⅓ po (1 cm), en enlevant les nerfs, le gras et les impuretés. Ça prend un peu de patience, mais le résultat en vaut l'effort. Réserver le gras dans un bol à part.

Déposer la viande dans un bol non réactif (en verre). Ajouter les épices et l'huile, saler et poivrer au goût. Couvrir le bol et laisser mariner au réfrigérateur de 12 à 24 h.

Enfiler 3 ou 4 morceaux de viande et un morceau de gras par brochette. Ne pas trop serrer.

Cuire les brochettes sur le barbecue à feu moyen. Puisque les brochettes sont très petites, ne pas cuire à feu trop élevé. Servir rapidement avec du pita grillé, de l'oignon caramélisé (voir recette p. 33), une salade verte et vos choix de meze.

Cette recette de brochettes d'agneau est une spécialité de ma ville natale, Izmir, et de ses villages environnants. Le *çöp şiş* est très populaire, autant pour le dîner ou le souper que pour grignoter à la sortie des bars. Traditionnellement, dans les restaurants qui en préparent, il n'y a pas de portion définie ; on sert le client au fur et à mesure, et ce, jusqu'à ce qu'il arrête de manger. On compte alors les brochettes pour faire la facture.

Puisque les brochettes sont petites, la cuisson est très rapide, et la marinade donne une viande tendre, juteuse et bien savoureuse. Je vous suggère de faire cette recette lors de vos partys barbecue et de manger les brochettes assez rapidement après les avoir enlevées de la grille.

Fromage kasserie fondu avec graines de nigelle

Çörekotlu peynir kızartması

1 c. à soupe (15 ml) d'huile d'olive extra-vierge

½ lb (225 g) de fromage kasserie, tranché en morceaux de ¼ po (0,5 cm) d'épaisseur

1 c. à soupe (15 ml) de graines de nigelle (peuvent être remplacées par des graines de carvi)

Chauffer l'huile d'olive dans un poêlon dans lequel on peut manger (qui n'est donc pas en téflon).

Ajouter les tranches de fromage. Saupoudrer de graines de nigelle.

Laisser fondre le fromage environ 2 min. Attention à ne pas le faire brûler ; il suffit juste de bien le dorer. Déposer le poêlon sur une planche de bois et servir directement avec des toasts de baguette.

Habituellement, le çörekotlu peynir kızartmasi est servi après quelques meze froids, mais vous pouvez le servir à tout moment, surtout pour grignoter quand vous avez une rage de fromage ou de salé. Attention, cette recette peut créer une dépendance !

La graine de nigelle est communément appelée « graine de cumin noir ». Soyez prudents lors de l'achat, car malgré un arôme et une texture bien distincts de ceux de la graine de sésame noir, la ressemblance est à s'y méprendre.

La graine de nigelle est très populaire dans la cuisine turque, particulièrement avec les pâtisseries salées, le pain et les pitas, mais parfois aussi sur les pains sucrés. On en trouve également dans quelques fromages qui sont disponibles ici.

Pastirma en papillote

Kağıtta pastırma

Préchauffer le four à 450 °F (230 °C).

Mettre une feuille de papier parchemin d'environ 12 × 20 po (20 × 50 cm) sur une plaque et y déposer 10 à 12 tranches de *pastırma*. Recouvrir de 2 ou 3 tranches de tomate, de rondelles de poivron, de fromage et d'un filet d'huile d'olive. Plier le papier pour en faire une papillote bien serrée. Recommencer à faire des papillotes avec les ingrédients restants. Cuire de 10 à 15 min. Servir chaud avec du bon pain en accompagnement. Attention à la vapeur en ouvrant les papillotes.

Cette recette de viande séchée en papillotes est facile, rapide à faire et très savoureuse. Le *pastırma* en papillote peut être préparé à l'avance et gardé au réfrigérateur jusqu'à la cuisson. Vous n'avez qu'à le mettre au four pendant que vos invités dégustent leurs meze froids. Simple et délicieux !

Quand vous achetez le *pastırma*, demandez au boucher la variété qui contient un peu de gras pour la cuisson.

7 oz (200 g) de *pastırma*, finement tranché (disponible dans les épiceries turques ou moyen-orientales)

1 tomate, tranchée

1 poivron vert cubanelle, épépiné et coupé en rondelles

½ tasse (125 ml) de fromage kasserie, râpé

Huile d'olive extra-vierge

BOULETTES D'AGNEAU ET DE VEAU GRILLÉES

Köfte

½ lb (225 g) d'agneau haché

½ lb (225 g) de veau haché

1 oignon, haché très finement ou râpé

½ tasse (125 ml) de chapelure nature

1 œuf

1 ½ c. à thé (7,5 ml) de sel de mer

1 c. à thé (5 ml) de cumin, fraîchement moulu

½ tasse (125 ml) de persil, haché

1 c. à thé (5 ml) de poivre du moulin

2 tomates, coupées en quartiers

2-3 poivrons verts cubanelle entiers

Dans un grand bol, combiner les deux viandes, l'oignon, la chapelure, l'œuf, le sel, le cumin, le persil et le poivre jusqu'à l'obtention d'un mélange homogène.

Façonner les boulettes à la main en leur donnant l'apparence de petites saucisses aplaties. Réserver au réfrigérateur.

Chauffer le gril à feu moyen ; les boulettes sont minces et fragiles, attention à ne pas les brûler avec un feu trop chaud. Griller les boulettes de 2 à 3 min de chaque côté ou jusqu'à ce que l'intérieur soit cuit juste à point, mais ne pas trop les cuire car la viande pourrait sécher.

Griller les quartiers de tomate et les poivrons verts entiers pour la garniture.

Ces boulettes accompagnent délicieusement plusieurs mets : les pitas grillés pour en faire des sandwichs, le *bulgur pilavı* (p. 128), le yogourt à l'ail (p. 32), la *çoban salata* (p. 60) ou le *kırmızı biberli ezme* (p. 47).

Même si je n'ai mis qu'une recette de boulettes dans ce livre, on ne peut pas imaginer la cuisine turque sans les boulettes. Il y a environ 300 recettes de boulettes connues en Turquie, qui les présentent sous plusieurs formes et techniques de cuisson : boulettes en brochettes, en forme de kebabs, frites, poêlées, grillées ou crues.

Côtelettes de poulet grillées

Tavuk pirzolası

L'astuce pour cette recette est de désosser d'abord les hauts de cuisse sans enlever l'os complètement. Mettre la cuisse sur une planche à découper, la partie intérieure vers le haut. Avec un couteau, faire une incision autour de l'os tout en gardant attaché un bout d'os et le tourner vers l'extérieur. Vous aurez donc une côte de poulet. Nettoyer les nerfs et le gras excessif de la cuisse, puis réserver.

Déposer l'oignon dans un bol, ajouter le sel et le poivre. Écraser l'oignon de 2 à 3 min ou jusqu'à ce qu'il soit plus tendre et que son jus commence à sortir. Mélanger le poulet avec l'oignon délicatement, couvrir et réfrigérer de 30 à 60 min.

Dans un autre bol, combiner les épices. Retirer les cuisses du bol et enlever les résidus d'oignon. Déposer les hauts de cuisse sur une plaque, saupoudrer du mélange d'épices et asperger de miel. Bien mélanger pour faire pénétrer les assaisonnements dans la chair. Laisser reposer durant 15 à 20 min.

Cuire sur le gril ou au four à 400 °F (200 °C).

Servir avec le *domatesli bulgur pilavı* (p. 128) et la *marul salatası* (p. 62) durant l'hiver, et la *çoban salata* (p. 60) pendant l'été.

Cette recette est amusante à préparer et à manger. En Turquie, elle fait souvent partie des pique-niques en famille.

6 hauts de cuisses de poulet avec l'os, sans la peau

1 oignon, haché

Gros sel de mer

Poivre du moulin

1 c. à thé (5 ml) de piment rouge turc

1 c. à thé (5 ml) d'origan séché

1 c. à thé (5 ml) de cumin

1 c. à soupe (15 ml) de miel

2 c. à soupe (30 ml) d'huile d'olive extra-vierge

Côtelettes d'agneau de lait grillées aux herbes et à la grenade

Kuzu pirzolası

2 carrés d'agneau de lait, tranchés en côtelettes (coupe française)

Gros sel de mer au goût

Poivre du moulin au goût

Huile d'olive

Sauce

¼ tasse (60 ml) d'huile d'olive extra-vierge

1 c. à soupe (15 ml) de menthe, hachée

1 c. à soupe (15 ml) d'origan, haché

1 c. à soupe (15 ml) de thym

Saler, poivrer et verser un filet d'huile d'olive sur les côtelettes. Masser légèrement pour bien enrober la viande et déposer les côtelettes dans un contenant hermétique au réfrigérateur jusqu'à leur utilisation. Elles peuvent se garder ainsi jusqu'à 2 jours.

Pour la sauce, mélanger tous les ingrédients dans un bol, couvrir et garder au réfrigérateur.

Quand vous êtes prêts à cuisiner, sortir les côtelettes et la sauce du frigo 30 min à l'avance. Chauffer le gril et cuire les côtelettes 2 min par côté pour une cuisson rosée ou 4 min pour des côtelettes bien cuites. Servir avec la sauce.

Ces côtelettes sont très bonnes accompagnées de *domatesli bulgur pilavı* (p. 128), de *haydari* et/ou de *kaşık salata* (p. 58).

CUBES DE FOIE DE VEAU DE LAIT POÊLÉS SUR UNE SALADE D'OIGNONS ÉPICÉE

Arnavut ciğeri

Préparer la salade en mélangeant dans un bol l'oignon, le persil, la coriandre, le sumac, une pincée de sel, du poivre au goût, le jus de citron et le piment rouge turc.

Nettoyer le foie pour enlever tous les nerfs et la membrane et couper en cubes de ½ po (environ 1,5 cm). Chauffer l'huile dans un poêlon profond de 2 po (5 cm).

Saupoudrer les cubes de foie de farine, les saler et les poivrer puis les passer à l'étamine pour enlever l'excédent de farine. Poêler les cubes de foie en deux temps pour ne pas refroidir l'huile. Cuire environ 1 min de chaque côté. Retirer de la poêle avec une cuillère à trou et déposer directement sur la salade d'oignons.

Ce plat peut être servi chaud ou à la température ambiante, avec un buffet de meze.

1 oignon rouge, épluché et tranché très finement

1 c. à thé (5 ml) de persil, haché

1 c. à thé (5 ml) de coriandre, hachée

1 c. à thé (5 ml) de sumac

Sel de mer fin

Poivre du moulin

Jus d'un demi-citron

½ c. à thé (2,5 ml) de piment rouge turc

1 lb (450 g) de foie de veau de lait

Huile de canola (pour frire)

1 c. à soupe (15 ml) de farine tout usage

Riz de meyhane aux moules parfumé au safran

Midyeli meyhane pilavı

1 ½ tasse (375 ml) de riz
   à grains longs

2 tasses (500 ml) d'eau chaude

1 c. à thé (5 ml) de sel de mer

2 ½ tasses (625 ml) de bouillon
   de poulet

2,2 lb (1 kg) de moules
   (ou 30 moules), fraîches
   et nettoyées

1 petit oignon, coupé en dés

¼ tasse (60 ml) d'huile d'olive
   extra-vierge

2 gousses d'ail, hachées

2 tomates, coupées en dés

1 petit poivron vert, coupé
   en dés

Sel et poivre du moulin au goût

¼ c. à thé (1,25 ml) de safran,
   trempé dans ¼ tasse (60 ml)
   d'eau tiède

1 aubergine italienne, coupée en
   cubes de ⅓ po (1 cm)

Faire tremper le riz dans de l'eau chaude salée environ 30 min.

Porter le bouillon de poulet à ébullition et y ajouter les moules. Laisser bouillir jusqu'à ce que toutes les moules soient ouvertes. Retirer du feu, couvrir et laisser refroidir. Filtrer le bouillon et réserver.

Laver le riz et l'égoutter. Dans une casserole, faire revenir l'oignon dans l'huile d'olive jusqu'à ce qu'il soit translucide et incorporer l'ail, les tomates et le poivron vert. Ajouter le bouillon réservé. Saler, poivrer. Lorsque le bouillon est en ébullition, ajouter le riz et l'eau avec le safran. Incorporer les cubes d'aubergine délicatement, couvrir et cuire à feu doux 15 min. Environ 5 min avant la fin de la cuisson, ajouter les moules avec délicatesse pour ne pas écraser les morceaux d'aubergine.

Couvrir et laisser reposer au moins 15 min. Présenter dans une grande assiette profonde.

Traditionnellement, le *meyhane* est un restaurant-bar turc. On y sert de l'alcool (vin, raki et bière) avec de nombreux meze.

Casserole de crevettes

Karides güveç

Chauffer l'huile et le beurre dans une casserole, faire revenir l'oignon avec l'ail, le poivron vert et les champignons. Sauter 2 min et ajouter les tomates, le sucre et le vinaigre de vin blanc. Saler, poivrer et incorporer le piment turc. Cuire environ 10 min, puis ajouter les crevettes et le persil haché, et mélanger délicatement. Retirer du feu.

Pour terminer la cuisson au four, vous pouvez diviser les portions dans des plats individuels en terre cuite ou verser le tout dans un grand plat. La recette peut être préparée quelques heures à l'avance jusqu'à cette étape.

Préchauffer le four à 400 °F (200 °C). Mettre le fromage sur le mélange aux crevettes et cuire au four de 10 à 15 min afin qu'il soit bien gratiné.

En Turquie, traditionnellement, on sert cette casserole de crevettes comme une variété de meze chaud, mais elle peut être servie comme plat principal avec une salade et/ou du riz. Dans tous les cas, il ne faut pas oublier de servir ce plat avec du bon pain pour profiter de la sauce.

- 2 à 3 c. à soupe (30 à 45 ml) d'huile d'olive extra-vierge
- 1 c. à soupe (15 ml) de beurre
- 1 petit oignon, émincé
- 2 gousses d'ail, hachées
- 1 poivron vert, épépiné et tranché très finement
- 8 champignons crimini (ou champignons de Paris), nettoyés et coupés en quartiers
- 3 tomates bien mûres, coupées en petits cubes
- 2 c. à thé (10 ml) de sucre
- 1 c. à soupe (15 ml) de vinaigre de vin blanc
- Sel de mer au goût
- Poivre du moulin au goût
- 1 c. à thé (5 ml) de piment rouge turc
- 1 lb (450 g) de crevettes crues, décortiquées
- 1 c. à soupe (15 ml) de persil, haché
- 3 ½ oz (100 g) de fromage kasserie ou cheddar vieilli, râpé

Brochettes d'espadon

Kılıç balığı şiş

2,2 lb (1 kg) d'espadon,
  coupé en cubes de ½ po
  (1,25 cm)

1 tomate, coupée en quartiers

1 oignon, coupé en quartiers

1 poivron vert, coupé en tranches
  de ½ po (1,25 cm)

10-12 feuilles de laurier fraîches

6-8 brochettes de bois, trempées
  dans l'eau 30 min

2 citrons, coupés en quartiers
  (pour servir)

Huile d'olive (pour servir)

Marinade

1 oignon, haché

2 gousses d'ail, hachées

½ tasse (125 ml) d'huile d'olive
  extra-vierge

¼ tasse (60 ml) de jus de citron

2 tiges d'origan frais, hachées
  grossièrement

1 pincée de piment rouge turc

Sel de mer

Mélanger tous les ingrédients de la marinade. Déposer les cubes de poisson dans un plat profond, préférablement en verre. Verser la marinade sur le poisson en s'assurant que tous les morceaux baignent dedans. Couvrir et réfrigérer 2 h. Vous pouvez aussi faire mariner le poisson la veille.

Préchauffer le barbecue à feu moyen.

Pour faire les brochettes, enfiler les ingrédients en alternance : les cubes de poisson, les quartiers de tomate et d'oignon, les tranches de poivron et les feuilles de laurier.

Cuire environ 2 min de chaque côté, en arrosant de marinade fréquemment. Il ne faut pas trop cuire l'espadon, car l'intérieur doit demeurer rosé.

Servir les brochettes avec des quartiers de citron et un filet d'huile d'olive. Vous pouvez également les servir en sandwichs avec un pita chauffé sur le gril.

Boulgour pilaf aux tomates et aux oignons caramélisés

Domatesli bulgur pilavı

Laver et égoutter le boulgour.

Dans une casserole à fond épais, chauffer l'huile et y mettre l'oignon. Cuire à feu doux de 4 à 5 min pour caraméliser l'oignon, puis ajouter l'ail.

Ajouter le boulgour puis les tomates et les piments verts, et faire rissoler 1 min. Verser l'eau, saler, poivrer et incorporer le thym. Amener à ébullition, puis baisser le feu et laisser mijoter à couvert de 20 à 25 min. Quand le boulgour a absorbé l'eau, éteindre le feu et laisser reposer 15 min à couvert.

Idéal pour accompagner un repas ou comme plat principal avec du yogourt à l'ail (p. 32) ou avec la *kaşık salata* (p. 58).

1 tasse (250 ml) de boulgour à grains moyens

3 c. à soupe (45 ml) d'huile d'olive extra-vierge

1 oignon, émincé

2 gousses d'ail, hachées

2 tomates, coupées en dés

2 petits piments verts doux, coupés en dés

2 tasses (500 ml) d'eau

Sel au goût

Poivre au goût

1 branche de thym frais

Sardines panées et poêlées

Sardalya

Si vous ne savez pas comment nettoyer les poissons, demandez à votre poissonnier de les écailler et d'en faire des filets.

Dans un bol, faire un puits avec la farine, ajouter l'œuf et une pincée de sel, puis la bière, en fouettant bien jusqu'à l'obtention d'une pâte très lisse.

Chauffer l'huile dans une poêle, tremper les filets dans la pâte et enlever l'excédent avant de les déposer doucement dans l'huile chaude. La pâte va gonfler instantanément autour du poisson. Continuer la friture jusqu'à ce que les sardines soient dorées. Les mettre sur une feuille de papier absorbant quelques minutes pour enlever l'excédent d'huile et servir chaud.

Accompagner les sardines de *çoban salata* (p. 60) et de *mısır ekmeği* (p. 93).

Un vrai goût de cuisine méditerranéenne !

20 sardines, coupées en filets

½ tasse (125 ml) de farine
tout usage

1 œuf

Sel de mer

½ tasse (125 ml) de bière blonde

1 tasse (250 ml) d'huile de canola
(pour frire)

Desserts et boissons chaudes
Tatlılar ve sıcak içecekler

Les succulents desserts de la cuisine turque sont les meilleurs pour terminer le repas ou en guise de collation lorsqu'on a un goût de sucré. Ils peuvent être catégorisés en trois genres : les desserts à base de lait, les desserts à base de pâte farcie aux noix et imbibée d'un sirop de sucre léger, et les desserts de fruits.

Abricots farcis à la crème de yogourt et aux pistaches

Yogurt kaymaklı kuru kayısı

1 tasse (250 ml) de yogourt, égoutté (voir recette p. 32)

¼ tasse (60 ml) de sucre fin

1 tasse (250 ml) d'eau

30 abricots séchés

1 ¾ oz (50 g) de pistaches non salées, moulues

Dans un bol, mélanger le yogourt égoutté à 2 c. à soupe de sucre.

Dans un petit chaudron, faire bouillir l'eau avec le sucre restant et ajouter les abricots. Faire mijoter 5 min, retirer du feu et laisser refroidir. Filtrer. Quand les abricots ont refroidi, faire une incision verticale à l'aide d'un petit couteau pour les farcir.

Verser les pistaches moulues dans une assiette. Mettre le yogourt sucré dans une poche à pâtisserie. Farcir les abricots de yogourt sucré à l'aide de la poche à pâtisserie, puis tremper l'abricot farci dans les pistaches et placer sur une assiette.

Les abricots farcis sont comme des bonbons ou encore un dessert très léger qui vous permet de satisfaire votre goût de sucré sans trop culpabiliser.

Figues braisées farcies aux noix de Grenoble

Cevizli incir tatlısı

3 tasses (750 ml) d'eau

7 oz (200 g) de figues déshydratées

½ tasse (125 ml) de noix de Grenoble, grossièrement hachées

1 c. à soupe (15 ml) de sucre brun

¼ tasse (60 ml) de sucre

2-3 gouttes de jus de citron

Préchauffer le four à 350 °F (180 °C).

Dans une casserole, porter l'eau à ébullition, ajouter les figues et cuire 2 min. Retirer les figues de la casserole et les laisser refroidir. Réserver le liquide.

À l'aide d'un petit couteau, agrandir légèrement le trou sous les figues pour les farcir.

Dans un bol, mélanger les noix au sucre brun. Farcir les figues d'environ ½ c. à soupe du mélange de noix et de sucre. Déposer les figues farcies sur une plaque de 2 po (5 cm) de profondeur, la farce en dessous.

Incorporer le sucre dans le liquide de cuisson et porter à ébullition pour en faire un sirop. Ajouter les gouttes de jus de citron pour l'épaissir. Une fois que le liquide a épaissi, verser le sirop sur les figues et cuire au four environ 30 min.

Sortir la plaque du four et laisser refroidir les figues.

Les bienfaits des noix et des figues sont connus depuis des siècles en Turquie. Les figues farcies sont donc un dessert santé et énergisant que vous pouvez servir tel quel, comme un bonbon, ou encore tiède avec de la crème fraîche ou de la crème glacée à la vanille.

Coings épicés braisés

Ayva tatlısı

Préchauffer le four à 400 °F (200 °C).

Peler les coings, les évider et les couper en deux dans le sens de la longueur, en laissant le trou au milieu. Déposer dans un plat allant au four.

Dans un bol, mélanger le sucre, la cannelle, les clous de girofle et l'eau. Verser sur les coings. Enfourner et cuire de 30 à 35 min en arrosant les coings du jus de cuisson à plusieurs reprises.

Après la cuisson, laisser les coings refroidir dans leur jus. Ensuite, les déposer dans une assiette de service et les garder au réfrigérateur jusqu'au moment de servir.

Présenter avec une cuillerée de *kaymak* ou de crème fraîche sur chaque coing et arroser de jus de cuisson. Vous pouvez toujours vous gâter en ajoutant un peu de pistaches sur le dessus !

4 coings bien mûrs

7 oz (200 g) de sucre

2-3 bâtonnets de cannelle

5-6 clous de girofle

1 tasse (250 ml) d'eau

4-5 graines de piment de la Jamaïque

⅓ tasse (80 ml) de *kaymak* ou de crème fraîche

Pain perdu aux griottes (cerises noires)

Vişneli ekmek tatlısı

½ tasse (125 ml) de sucre

2 tasses (500 ml) de griottes (cerises noires), dénoyautées

2 bâtonnets de cannelle

8-10 tranches de pain au levain, sans les croûtes

Crème glacée à la vanille (pour servir)

Dans une casserole, mélanger le sucre avec les griottes et cuire à feu doux pour en faire une compote. À la chaleur, les cerises vont laisser leur jus et faire dissoudre le sucre. Quand la compote commence à bouillir, ajouter la cannelle. Cuire environ 10 min et retirer du feu.

Déposer les tranches de pain sur une plaque de 2 po (5 cm) de profondeur et griller au four. Laisser refroidir.

Quand la compote est prête, la verser sur le pain grillé froid et déposer les cerises cuites par-dessus. Réfrigérer au moins 1 h.

Servir froid avec une cuillerée de crème glacée à la vanille.

Il s'agit d'une recette de cuisine turque très ancienne et très populaire pendant l'été, puisque les cerises noires fraîches sont alors disponibles en abondance. Pour l'hiver, j'ai essayé de remplacer les griottes par des canneberges fraîches, et le résultat est aussi bon que la recette originale. Si vous utilisez des canneberges déshydratées, vous n'aurez qu'à ajouter ½ tasse d'eau.

Compote de pommes épicée aux raisins sultana, aux canneberges et aux pignons

Hoşaf

4 tasses (1 l) d'eau

½ tasse (125 ml) de sucre

1 c. à soupe (15 ml) de clou de girofle

2-3 graines de piment de la Jamaïque

2-3 bâtons de cannelle

½ tasse (125 ml) de raisins secs sultana

½ tasse (125 ml) de canneberges déshydratées

2 pommes de type Cortland, coupées en cubes de ¾ po (2 cm)

1 c. à soupe (15 ml) de pignons, grillés (facultatif)

Dans une grande casserole, porter l'eau et le sucre à ébullition. Ajouter les épices, les raisins secs et les canneberges, et cuire 2 min. Incorporer les pommes et cuire jusqu'à ce qu'elles soient tendres mais intactes, soit environ 10 min. Laisser refroidir, mettre dans un contenant non-réactif, couvrir et réfrigérer.

Pour servir, verser dans des bols individuels et n'ajouter les pignons qu'à ce moment pour qu'ils ne perdent pas leur texture croustillante.

Il existe plusieurs types de compotes en Turquie; leurs composantes peuvent changer selon la saison ou la région. On en trouve avec des abricots, des pruneaux, des griottes (cerises noires), des coings, des fraises, des pommes, etc. Les pignons peuvent également être remplacés par des pistaches. J'ai ajouté les canneberges pour avoir une saveur plus « locale » et afin de profiter des aliments saisonniers.

Traditionnellement, en Turquie, les compotes sont servies avec le riz à la fin du repas, mais la façon de les manger a commencé à changer depuis une cinquantaine d'années, avec la modernisation de la cuisine et du style de vie. Cependant, les compotes ont toujours leur place dans la cuisine turque comme dessert léger, réconfortant et nutritif. La coutume veut qu'on en donne en cadeau à des proches se remettant d'une maladie ou d'un accouchement.

La compote se cuisine un peu plus fréquemment avec le repas pendant le mois du ramadan afin de faire revivre les traditions anciennes de l'époque des palais ottomans.

CRÈME DE SÉSAME ET MÉLASSE DE RAISIN

Tahin pekmez

Dans un bol, mélanger la mélasse, la crème de sésame et le jus de citron jusqu'à l'obtention d'une tartinade de couleur caramel ambré. Servir avec des noix de votre choix.

Naturellement, la partie solide de la crème de sésame se séparera de l'huile, qui restera sur le dessus. Il faudra donc bien mélanger la crème de sésame avant de servir pour avoir une texture souple et homogène.

N'hésitez pas à ajuster la crème à votre goût en ajoutant quelques gouttes de mélasse ou de crème de sésame, selon que vous voulez un dessert plus ou moins sucré.

¼ tasse (60 ml) de mélasse de raisin

3 c. à soupe (45 ml) de crème de sésame (*tahini*)

Quelques gouttes de jus de citron

Noix de Grenoble, noisettes ou autres

La mélasse de raisin peut être remplacée par de la mélasse de mûre noire ou de la mélasse de caroube. Puisque nous sommes au Québec, j'ai essayé la recette avec du sirop d'érable, et ça fonctionne très bien aussi !

Cette petite recette de dessert ne prend pas de temps à faire, est bonne pour la santé et donne énormément d'énergie. Peut-être est-ce pour cela que ce mélange est très commun en Turquie, et ce, dans toutes les régions et dans chaque maison. Tous les Turcs ont probablement le même souvenir d'enfance où la maman dit : « N'oublie pas de manger deux cuillerées de *tahin pekmez* avant d'aller à l'école ! » La plupart du temps, cette crème fait partie du rituel du petit-déjeuner, comme tartinade sur du pain.

On la retrouve lors des populaires repas « meze-poissons grillés-raki (notre boisson alcoolisée nationale) ». On la mange surtout lors des froides soirées d'hiver, lorsque l'on cherche de la chaleur ou... que l'on a une rage de sucré. Selon l'expérience personnelle de mon mari, c'était aussi le dessert le plus populaire dans l'armée.

Il n'y a pas de façon particulière de déguster ce petit dessert ; on en prépare une bonne quantité et on en mange quand on veut !

Pouding traditionnel aux amandes

Keşkül

1 tasse (250 ml) d'amandes blanchies

4 ½ tasses (1,125 l) de lait 3,25 % (préférablement biologique)

1 tasse (250 ml) de sucre

2 c. à soupe (30 ml) de fécule de maïs

1 œuf (préférablement biologique)

Zestes d'agrumes caramélisés

2 c. à soupe (30 ml) de sucre brun

Zeste de 2 citrons

Zeste de 3 oranges

Verser les amandes dans le robot culinaire et moudre finement. Ajouter ½ tasse de lait et mélanger jusqu'à l'obtention d'une pâte d'amande molle.

Verser le reste du lait et le sucre dans une casserole en acier inoxydable, porter à ébullition, baisser le feu et faire mijoter. Incorporer 2 c. à soupe du mélange de sucre et de lait chaud à la pâte d'amande. Dissoudre dans la pâte et l'ajouter délicatement à la casserole de lait. Mélanger le tout vigoureusement pour éviter la création de grumeaux et cuire environ 10 min à feu doux.

Dans un bol, dissoudre la fécule de maïs avec 2 ou 3 c. à soupe de lait, incorporer l'œuf et battre le tout ensemble.

Verser 1 c. à soupe du mélange d'amandes et de lait chaud au mélange de fécule de maïs pour le tempérer. Verser le mélange de fécule dans la casserole de lait. Cuire 5 min de plus et retirer du feu.

Transférer le pouding dans des bols individuels (selon la tradition, on utilise des bols en verre, mais vous pouvez bien sûr choisir vos bols préférés). Laisser tiédir, puis réfrigérer quelques heures avant de servir.

Pour la décoration, verser le sucre et 2 c. à soupe d'eau dans une petite casserole, puis chauffer. Quand le sucre commence à fondre, ajouter les zestes et laisser caraméliser de 5 à 6 min en mélangeant de temps en temps. Laisser refroidir, puis déposer les zestes sur le pouding.

Ce pouding est un classique de la cuisine turque. Depuis des siècles, on le trouve dans toutes les maisons de desserts. Il contient des amandes et du lait, mais aucun beurre ou gras ajouté ; on peut donc le considérer comme un dessert santé. Traditionnellement, on le sert avec des pistaches ou de la noix de coco, mais j'ai voulu ajouter un peu de fraîcheur et de fragrance d'agrumes avec le citron et l'orange caramélisés.

Baklavas aux noix de Grenoble, version rapide

Kolay baklava

1 paquet de pâte filo

9 oz (250 g) de noix de Grenoble, grossièrement hachées

1 c. à soupe (15 ml) de sucre

1 lb (454 g) de beurre clarifié (voir recette p. 33)

2 tasses (500 ml) de sirop simple (voir recette p. 35)

Chauffer le four à 350 °F (180 °C). Dérouler la pâte filo sur une plaque. Si votre plaque n'est pas assez grande, couper simplement les extrémités de la pâte qui dépassent. Diviser la quantité de feuilles de pâte en trois (ça veut dire que, s'il y a 30 feuilles dans le paquet, il faudra faire 3 couches de 10 feuilles).

Dans un bol, mélanger les noix de Grenoble avec le sucre et diviser ce mélange en deux.

Graisser la plaque avec une cuillerée de beurre et y déposer la première couche de pâte filo. Étaler la moitié du mélange de noix sucrées sur la pâte le plus également possible et ajouter la deuxième couche de pâte. Étaler le restant du mélange de noix sucrées et déposer la dernière couche de pâte.

À l'aide d'un petit couteau bien aiguisé, couper les baklavas en forme de losanges d'environ 1 po (2,5 cm).

Chauffer le beurre jusqu'à ébullition et le verser sur les baklavas, en vous assurant que la quantité de beurre est uniforme dans la plaque.

Cuire les baklavas de 40 à 45 min au four. Dès leur sortie, verser le sirop dessus à la cuillère, en faisant des lignes en longueur et en largeur de la plaque sans laisser les baklavas refroidir. Attention à ne pas verser trop de sirop, sinon les baklavas seront mous.

Refroidir et servir à la température désirée. Vous pouvez décorer les baklavas de pistaches moulues, de *kaymak* ou de fruits. Vous pouvez également remplacer le *kaymak* par un bon mascarpone crémeux ou par de la crème fraîche.

Baklava est le nom d'une grande famille de desserts au sirop, la plus connue en Amérique du Nord. En Turquie, il y a des maisons de desserts où l'on trouve des pâtes de différentes textures et de différentes formes farcies aux noix, aux pistaches, à la crème, etc. Puisque le baklava est le plus connu, j'ai décidé de vous en présenter une recette simplifiée pour la cuisine de tous les jours à la maison.

PÂTE À KADAÏF FARCIE DE FROMAGE AU SIROP DE SUCRE

Künefe

1 paquet de pâte à *kadaïf*
(disponible dans les épiceries
moyen-orientales)

7 oz (200 g) de beurre biologique,
fondu

2 boules de mozzarella fraîche
(le moins salé possible)

2 tasses (500 ml) de sirop simple
(voir recette p. 35)

Pistaches moulues
(pour décorer)

Grains de grenade
(pour décorer)

Préchauffer le four à 375 °F (190 °C).

Dans un grand bol, émietter la pâte à *kadaïf* le plus possible. Ajouter le beurre fondu et mélanger la pâte avec les doigts, en s'assurant de bien incorporer le beurre.

Couper les boules de mozzarella en deux ou trois morceaux et les faire tremper dans l'eau froide environ 30 min afin d'enlever le plus de sel possible. Retirer les morceaux de l'eau, les essuyer et les râper grossièrement.

Préparer des ramequins individuels d'environ 4 po (10 cm) de diamètre. Étaler la moitié de la pâte au fond des ramequins. Bien écraser la pâte avec les doigts afin qu'il n'y ait pas de trous. Étaler ensuite le fromage et couvrir avec l'autre moitié de pâte. Presser fermement avec la main pour bien faire coller la pâte.

Cuire au four de 30 à 40 min ou jusqu'à ce que la pâte soit bien dorée.

Dès la sortie du four, verser le sirop sur les pâtes, petit à petit, avec une cuillère.

Servir immédiatement, encore chaud, car si la pâte refroidit, le fromage durcira et la texture ne sera pas aussi agréable.

Décorer avec des pistaches moulues et des grains de grenade en saison.

Gâteau au yogourt

Yogurt tatlısı

Préchauffer le four à 350 °F (180 °C). Dans un bol, battre les œufs avec le sucre jusqu'à dissolution complète. Ajouter le yogourt et l'huile en mélangeant bien. Incorporer délicatement la farine, la semoule et ajouter le zeste de citron.

Graisser un moule à gâteau de 12 × 12 po (30 × 30 cm) avec un peu de beurre. Verser la pâte à gâteau dans le moule et l'égaliser avec une spatule. Cuire au four de 25 à 30 min.

Sortir le gâteau du four et le badigeonner immédiatement avec la moitié du sirop. Couper le gâteau en carrés de 2 po (5 cm). Ajouter le reste du sirop par cuillerées. Réserver.

Pour décorer, mélanger le yogourt avec le sucre et en servir une cuillerée sur chaque morceau de gâteau. Saupoudrer de pistaches moulues.

4 œufs, à la température ambiante

1 tasse (250 ml) de sucre

1 tasse (250 ml) de yogourt nature

1 tasse (250 ml) d'huile de canola (ou d'huile de pépins de raisin)

2 tasses (500 ml) de farine à pâtisserie

1 tasse (250 ml) de semoule de blé

Zeste d'un citron

2 ½ tasses (625 ml) de sirop simple (voir recette p. 35)

Yogourt égoutté (pour décorer)

2 c. à soupe (30 ml) de sucre (pour décorer)

Pistaches moulues (pour décorer)

Tisanes à base de fruits ou d'herbes

(pomme, rose de la hanche, tilleul, sauge, menthe, etc.)

Les tisanes font partie de la vie de tous les jours des Turcs. Il s'agit d'abord d'une ancienne habitude d'avoir recours à des soins médicinaux à base d'herbes et de plantes. En Turquie, il y a des magasins spécialisés qui ont en inventaire des centaines d'herbes, de fruits, de racines ou de fleurs déshydratés.

Traditionnellement, l'herboristerie est une spécialité familiale ; au moins une personne de la famille connaît cette science. Quand on arrive à son magasin, l'herboriste nous aide à choisir quelles herbes ou mélanges pourront nous aider selon nos besoins. Il y a des plantes et des herbes spécifiques pour traiter différents maux – contre la toux : un mélange de racines ; contre le rhume : la cannelle et les pétales de rose, etc.

Plusieurs autres mélanges peuvent être utilisés en tisanes contre les problèmes de vessie, pour la régularité de la digestion, pour renforcer le système immunitaire, etc.

Les herbes les plus simples et les plus communes que les gens ont et utilisent régulièrement à la maison sont le tilleul, la sauge et la menthe. On aime le tilleul pour ses propriétés relaxantes, la sauge pour son effet réconfortant et pour soigner le mal de gorge, et la menthe contre les maux d'estomac (gaz ou acidité).

Recette de base pour la tisane

Faire bouillir de l'eau selon le nombre de tasses voulu et infuser avec une branche d'herbe de 10 à 15 minutes dans l'eau bouillante. Jeter la branche et boire la tisane en y ajoutant un peu de miel et/ou de jus de citron au goût.

Café turc

Türk kahvesi

Même si les Turcs boivent beaucoup de thé, ils ont un attachement profond pour le café. Reconnu pour son goût et sa texture particulière, le café turc se déguste dans le partage et la communion avec les autres.

Sa préparation est l'une des plus anciennes au monde. Avant de faire le café, on demande aux convives s'ils veulent du sucre car cette boisson chaude se sert de quatre manières : sans sucre (*sade*), avec peu de sucre (*az şekerli*), un quart de cuillère à thé, avec moyennement de sucre (*orta*), une demi-cuillère à thé ou sucré (*şekerli*), une cuillère à thé.

Après avoir bu le café, la coutume est de renverser la tasse sur la soucoupe, d'attendre quelques minutes, le temps que le tout refroidisse, et de lire l'avenir dans les motifs laissés par le marc de café sur les bords de la tasse.

Comment préparer le café turc

Pour une tasse de café turc de format espresso, utiliser une tasse d'eau et une cuillère à thé de café bien pleine. On dépose le *cezve*, une cafetière turque qui ressemble à une petite casserole de cuivre, sur le feu avec l'eau, le café et le sucre. Chauffer jusqu'à ce que l'ébullition débute et que le café commence à monter. À ce moment, verser un peu de café dans la tasse et recommencer à faire chauffer le café jusqu'à ce qu'il monte à nouveau. Verser encore un peu du breuvage chaud dans la tasse et répéter l'opération. Traditionnellement, le café turc se verse en trois fois.

Un de mes souvenirs d'enfance les plus mémorables avec ma grand-mère tourne autour du café. Chez nous, ma grand-mère rôtissait les grains de café crus dans sa machine. Une fois les grains rôtis, on les versait dans un moulin à café turc et on les moulait manuellement. Quand j'étais petite, j'attendais avec impatience le moment où je serais suffisamment grande pour tourner le moulin. Imaginez ma joie le jour où j'ai été capable de le faire !

L'odeur et la saveur du café me restent en mémoire et m'emballent. Aujourd'hui, je fais mon café à partir de café vert (cru), avec le même amour que ma grand-mère y mettait. Ma « anneanne » a maintenant cent ans, malheureusement elle ne cuisine plus, mais chaque fois que je vais en Turquie, on prend notre café ensemble.

Thé turc

Çay

En Turquie, le thé est roi. Breuvage chaud traditionnel, il se boit à toute heure du jour : c'est la boisson du petit-déjeuner, de la collation, de l'après-dîner ou de l'après-souper. Peu importe où vous vous trouvez, il est offert en tout temps : au parc, dans les boutiques ou au bureau. D'ailleurs, dans bien des entreprises, des gens sont engagés pour s'occuper de servir le thé et le café aux employés. Il suffit de demander !

Pour faire le thé, les Turcs ont longtemps utilisé le samovar. Maintenant, ils se servent d'une bouilloire à deux niveaux appelée *çaydanlık*, plus moderne.

Comment préparer le thé turc

Dans la partie supérieure de la théière, déposer les feuilles de thé et refermer le couvercle. La quantité de thé utilisée dépendra du format de la théière et de la quantité de boisson désirée.

Dans la partie basse, ajouter l'eau. Poser la partie haute sur la partie inférieure et porter à ébullition.

Verser une certaine quantité d'eau bouillante sur le thé, ajouter un peu d'eau dans la bouilloire inférieure si nécessaire, remettre les bouilloires l'une sur l'autre et laisser infuser environ quinze minutes à feu doux. Ensuite, filtrer le thé pour le garder frais et pour vous assurer qu'il ne deviendra pas amer.

Pour servir selon la tradition turque, verser une quantité de thé de la partie supérieure de la bouilloire dans de petits verres en forme de tulipe, puis le diluer avec l'eau bouillante de la partie inférieure.

REMERCIEMENTS

J'aimerais remercier mes parents de m'avoir permis de grandir dans un environnement exceptionnel, avec beaucoup d'amour pour la nature, la cuisine et le partage.

Merci à mon mari, Tulga Kalayci, pour sa patience et son soutien illimités.

Merci à Richard Béliveau, pour son appréciation de ma cuisine et pour la superbe préface de ce livre.

Merci à chacun de mes employés, pour leurs efforts afin de partager ma passion pour la cuisine et pour leur dévouement au restaurant.

Merci à toute l'équipe derrière ce livre, spécialement Nadine Lauzon ; merci aussi à Marike Paradis et à David Ospina, pour leur perfectionnisme et leur travail infatigable.

Merci à Lison Lescarbeau d'avoir cru en moi.

Index

PAR CATÉGORIES

PAR INGRÉDIENTS

Cet ouvrage a été composé en Tarocco et en Sackers Gothic
et achevé d'imprimer au Canada en septembre 2011 sur les presses de Solisco imprimeur